超古代の叡智「カタカムナ」と「0《ゼロ》理学」

実藤　遠
Saneto To-shi

たま出版

はじめに

多くの人は、現在こそが人類の歴史上最も発展した時代で、過去は今よりずっと劣っており、時間をかけて少しずつ進歩してきたのが人類の歴史だと考えている。

しかし、もうひとつの考え方をもつ少数の人もいる。過去には今より高度で理想的な社会があったが、地球の大異変などによってそれが崩壊し、一からやり直してやっとここまで来たという考えである。私はこの考えによって本書を著した。

後者の考えは、一万年余り前に存在したといわれている「アトランティス」「ムー」のいにしえの二大大陸に想い及んでいく。現在の地球は暖かい間氷期だが、アトランティスの頃の地球は極地や高緯度が氷に閉ざされた氷期であり、現在より海面が一五〇メートルも低かっただろうといわれている。

一万年余り前、環境が激変し、氷が溶けて海面が一五〇メートル上昇したことで、平野や低地の文明は一瞬にして滅亡し、多くの優秀な人々も地上から姿を消してしまった。しかし、その生き残りの人々がユーラシアにおいてムー文明の叡智を秘教として伝承し、現在《いま》に伝えていると考える。それが、五千年以上前に最高の文明をオリエントに築いたシュメール文明である。

さらに、シュメール人のルーツは中央アジアの「ツラン文明」であり、ツラン→コタン→バンチェンへと続く。また、シュメールの大文明を根幹として、ツランから東へ行った先が日本であり、西へはハンガリー、フィンランドに至る。

これらツランを基点とする別の歴史、すなわちツラン時代（おそらく六千五百年前以前）においては、日本とシュメールは同じツラン民族であったということだが、これらを本書では詳しく述べたい。

それとともに、一九八〇年頃、一生世間から理解されなかった異才・楢崎《ならさき》皐月《さつき》が解読したとされる「カタカムナ」＝「相似象」についても詳述する。私は、これこそが「日本に残るムーの叡智そのもの」であると確信している。なぜかというと、「カタカムナ」の発想は、人類の最近の歴史、四千年前から現在までの思想や科学とはまったく別系統の「いにしえのムーの教え」の宝庫だからである。さらに、私が考える「0《ゼロ》理学」と「カタカムナ」の発想方法が完全に一致していることからも、本書の「科学編」に大きく取り上げた。

ちなみに、0理学と現在の科学常識との違いは次の通りである。

1．今の科学の座標は、┣型で、「右ネジ空間」であり「時空四次元（タテ、ヨコ、高さ＋時間）」である。0理学での座標は「複素十字形」╋型で、「右ネジ」（見える世界、物質）と「左ネジ」（見えない世界、±0電磁場とゼロ磁場による五次元時空）のペア、対である。

2．車椅子の天才ホーキングは、「宇宙のはじめの前は虚の時間であった」といった。0理学では「右ネジ物質の時空」ではなく、「左ネジ虚質の時空」の時間であり、＋と－とが重なり合った0の世界であり、結果の世界ではなく、原因・大元の世界で、右ネジの現象はすべて左ネジの方が先で、左ネジに潜在している元型・鋳型に基づいて、右ネジ空間に物質としてあらわれる。

気や生命や超常現象を考える場合には、こうしたことを踏まえて考察する必要がある。今の科学者は、右ネジの「電磁波」だけを発生の原因だと定義して解明しようとしているが、いまだに決定的な結論は出ていない。

私にいわせれば、それでは持ち駒不足なのである。電磁波（光と同じ）は遠くにいくほど減衰する（弱くなる）ので、電磁波だけで考えると、気功師の出すパワーが遠くに達するわけがない。私は五次元の場（「ねじれ場」という）の波は、四次元で光の10^9（10億）倍以上もあることをロシアの「ねじれ場理論」で知った。しかもこの波は、「電磁波のようにエネルギーを運ぶ波ではなく、情報を運ぶ波だ」というのである。

このねじれ波があれば、地球の裏側だろうが、銀河系のかなただろうが難なくパワーを送ることができる。すなわち、放送電波のように、スカイツリーから一定の強さの「搬送波」に、各放送場面の「信号波」を上乗せして送るテレビ放送のように、ねじれ波を「搬送波」にして、各能力者の気を「信号波」として上乗せして「変調波」として送れば、光の十億倍もの速さのねじれ波によって、宇宙のはるかかなたにまで、パワーとその情報を送ることができるのである。気の遠隔作用ひとつとっても、ねじれ波なしには証明がつかないわけだ。

私がよくいう「±0電磁波」にしてもそうで、この波は0だからといって「何も存在しない」のではない。数学の0は虚無の0かもしれないが、物理の0は、「エネルギーは、ポテンシャルと位置のエネルギーとして五次元空間に潜在して静止している」。しかし、その空間がゆらぎ・変化を起こして動けば、四次元空間で五次元に内蔵された情報を鋳型として、それとソックリな物質現象が起こるのである。

これら「左ネジ空間」「ねじれ波」「±0電磁波」をはじめ、私の提唱する0理学概念を用いて説明すれば、現在の科学の謎のほとんどは（アインシュタインのような「思考実験」による仮説という形ではあるが）解けてしまうのである。

このように、本書は、今の常識となっている歴史と科学について、まったく別の視点からこれらを解明するものである。現在では謎となっている未解明な部分、たとえば日本人とシュメール人との太古からの関係とか、今から五千五百年ほど前の、シュメール帝国成立とエジプト古王朝成立以前のはっきりしない歴史などである。科学では、ヒッグス粒子やダークマター、ダークエネルギーの正体などはいまだに謎であり、時空四次元（タテ・ヨコ・高さ＋時間）だけでの解明では解けない問題がある。これらは、時空を五次元に拡張すればすべて解けてくるということが、本書では理解できるであろう。

つまり、科学でも歴史でも、今ある謎を解くためには、現在取り上げられていない理論を付け加える必要があるということだ。

歴史でいえば、シュメールの前に、バンチェン（タイ）とツラン（中央アジア）の文明（ハンガリーなどでは今でも、立派なツラン文明の紹介の壁紙が多くの家に貼ってある）があったことだ。これがないので、人類最古のオリエント史もそのルーツが闇の中に閉ざされてしまうのである。

さらに、「日本国」と「天皇」の称号がいわれだしたのは七世紀末、天武天皇の頃で、六八一年の「飛鳥浄御原令」で、天皇という称号とともに日本という国号を公式に定めたとある。それ以前には、日本も天皇もいわれていなかったという。その前は「倭国」とか「大王」

といわれたという。これはなぜか。シュメールは昔スメルといったが、日本の「スメラミコト」という語は、これとよく似た言葉である。私は日本とシュメールのルーツを調べ、個々の事実をつなぎ合わせて思考実験をおこなった。

シュメールと日本のルーツは次のように考えられる。

一万二千年ほど前、スンダ大陸（今のインドネシアを中心とした地域）はアジア大陸と陸続きであって、そこに「ムー文明」が栄えていた。地球大異変の後、氷河期の氷が溶けて陸地が海没したので、ムーの生き残りの人々は、どんなことがあっても絶対安心である大陸の中心（地政学では「ハートランド」という）の中央アジア「ツラン（平原）」で「ツラン文明」を繁栄させた。その後（六五〇〇年くらい前か）、ツランも居住しにくくなる異変等があって、タイ奥地の「バンチェン」に移り「バンチェン文明」を築いて、中国、日本や近隣諸国に文化的恩恵を与えたが、資源涸渇のため、東は日本へ、西はメソポタミアへ渡った。そして西のメソポタミアでは、シュメール帝国による最古の文明を住民たちに教え、栄華を極めた。これが今から五千五百年前〜四千年前までの人類最初の大文明、シュメール文明である。

なお、中国奥地のタクラマカン砂漠のオアシスの町「コタン（ホータン）」がシュメール人の故郷だという説もあるが、これは、ツランとバンチェンの中間の時期に、シュメール人が単独に築いた文明らしい。地球大異変のたびごとに、砂漠と沃野《よくや》は所を変える。シベリアが温暖な時期、サハラ砂漠が沃野であった時期もあるように、長い歴史では、自然はしばしば姿を変えるのである。

さて、読者にとって不可解なのは、歴史学上では一顧だにもされていない「カタカムナ文化」を取り上げたことであろう。だが、私は今から四十年以上も前に、楢崎皐月の解読したカタカムナ文書を宇野多美恵が編集した『相似象』を読んで、私が考えている方向とまったく同じ思想であることを発見した。異能であり、一般人とは異なる楢崎氏の理論は公開が早すぎたのか、結局楢崎氏と宇野氏の死によって、カタカムナの内容と理論への理解の道は一般には閉ざされてしまったが、私は、このカタカムナ文化こそが、現在の科学や歴史の枠組を超えた考え、超古代（一万年より前）のムー、アトランティスの文明の名残だろうとの考えに至った。ムーの叡智に違いないと直観したのである。これが真実かどうかは、一〇〇％そうだとはいい切れないかもしれないが、私は、現在と別系統の科学がそこにはありうると確信している。これこそが、超常識による「ホンモノ」の科学である。

私自身は「実験家」ではなく、断片的につながっている科学や歴史をひとつながりにして俯瞰する、アインシュタインがさかんに用いた「思考実験」によって説を立てているので、私のいうことはすべて「仮説」である。学界で未承認のものが大多数である。その点ははっきりさせておきたい。

その代わり、取り上げる題材はできる限り科学的な実験結果やデータに基づき、科学との整合性の上で〝仮説〟をつくっているのである。

だから「絶対に誤りはない」とはいいきれない。しかし、科学的事実との整合性は常に心しているから、「これは壮大なドグマである」という言葉の通りである。ドグマには①（宗教上の）教義、奥義、②独断、教条という二つの意味がある。私はできるだけ独断、教条には陥らないように注意し、むしろ（宗教ではなく）宇宙の真の根本原因（私は〝ゼロ・イコール・無限〟だと思う）まで肉薄し、すべてを「結果」ではなく、「根本原因、本当のルーツ」から確答を出したいと熱望する。その考えに基づいて発表させていただいたのが本書である。

目次

科学編　「0理学」《ゼロりがく》が明らかにする宇宙の真の姿

歴史編

「カタカムナ」が示す歴史の真相

第一章　現在の文明には存在しない叡智「カタカムナ」=「相似象」

1　ムー文明の最高の叡智、「カタカムナ」

私は、私の見方、考え方にピッタリ一致する「現在とは別系統のもの」は、この「カタカムナ」=「相似象」だと思う。これは明らかに、現在の前に存在した文明、「別のものによる世界観、科学観」、そして歴史の精華、すなわち「ムー文明の最高の叡智」だと考える。

「カタカムナ」と出会い、日本に紹介した人物は、楢崎皐月《ならさきさつき》（一八九九〜一九七四）である。彼は仙台の二高（旧制）から東北帝国大学に進学するつもりであった。ところが体格検査の日、たまたま誘われて遊んだ船の事故で時刻に遅れて失格、そのまま上京して、日本電子工業の電気の専門学校に学んだ。卒業後、特殊絶縁油、人造石油、製鉄と技術畑を歩いた。そして製品のでき上がりの良い場所と悪い場所があることから「大地電気」（よい土地をイヤシロチ、悪い土地をケガレチという）に着目した。それ以来、重炭素、重畳波、静電気、さらには生命の発生、宇宙電気（潜象=現象とペアの考え）などの発明発見をした。

しかし彼の考えは百年早かった。日本ではじめてつくったブラウン管のテレビも「民間には許可しない」といって、受け付けられなかったりした。学閥も師も所属学界もなく、それでいて一般人とはレベルの違う研究のため、彼は常に孤独であった。

しかしただ一度、戦時中、東条英機の要請によって、満洲で軍の機密費を使って大規模な研究ができた。戦後は星一氏の援助があり、星氏が健在の間は自由に研究できたが、星氏の死後は援助者がおらず、個人の能力によって研究を続けるも、ついに無一文となり最期を迎えた。彼は、神秘思想に基準を置く宗教と、物質偏重の唯物科学とは、いずれも「自然の真理」を解くことができず、それらとは別の角度から観て、自然界を支配する天然界の物理をもって、その奥底までわかることが必要だと考えていた。

その楢崎が「カタカムナ」のことを知ったのは、戦時中、満洲で陸軍技術研究所長だったときである。今から七十年以上も前の戦時中、吉林で陸軍の製鉄所長として在住していた楢崎は、満人職工たちを供に、娘々廟という地で人々の信望を集めていた老子経道士・蘆有三《ラウサン》に出会った。祭壇に、日本人としてはじめての寄進をしたことから、蘆有三老師の部屋に招じられ、一服の茶をすすめられた。ここから楢崎と蘆有三老師との交遊がはじまった。

老師は、みずから庭の泉水を鉄製の釜に汲み入れ、数杯の木の葉をもんで、火打石で点火しただけだったのだが、その茶が、舌を焼く程に熱かったのである。その不思議な情景が科学者である彼の強い関心をひいた。その釜を何とかして譲りうけて調べたいと思い、二度三度と訪問を重ねて懇願した。老師は「これは寺に伝わるものであるから手放すわけにはいかない。日本製なので、日本で探せばよかろう」と答えた由である。

会話は、はじめは通訳を介したが、やがて筆談によっておこなわれた。

楢崎が「日本にとって中華民国は師の国である。日本文化の根源は、漢字をはじめとして、貴国のお陰で発展できた」というと、老師は、「中華はよろしくない。それは他人からの尊称であり、自負慢称（自分から自慢して称する）はよくない。上古代の日本の地に、アシア族という高度な文明をもつ種族がいた。アシア族の創造した八鏡《はっきょう》カミツ文字は実によく整い、その上自由に変換する機能があるので、物の理を弁じ、様々な技術の便を生じ、物事のしくみ、しかけを知り、天地万物の成り立ちや経過まで明らかに示すことができた。そして特殊な鉄をはじめ、さまざまな生活技法を開発していた。後代の哲学（易、漢方等）は、この文化の流れの中に展開したものである」と老子の古伝を明らかにした。すなわち超古代の日本文化が中国文化の手本になったというのである。

アシア人とは、上古代の日本原住民をさすものらしく、また「芦屋」（アシア）の地名や「アジア（大陸）」の名称等と無関係ではないようである。事実、楢崎は戦後、芦屋の近く六甲山中で老師のいう八鏡文字と、カタカムナ文献とに出会うことになる。

帰国後、楢崎は手をつくして老師に謝意を表しようとしたが、廟の主はすでに変わり、杳《よう》として老師の消息はわからぬままであった。

2 山人より「カタカムナ」を得る

昭和二四（一九四九）年、十一月から三月にかけての寒中の六十四日間、六甲山・金鳥山付近での出来事である。楢崎は終戦直後の、人々が食うや食わずであった混乱期に、農業の多収穫を目指して、「イヤシロチ（耕作によい土地）」の発見のため、大地電気の測定をしようと穴居していた。

そこへ、猟師の姿で、鉄砲をもち、腰に兎を一匹ぶらさげて、「父はカタカムナの神の宮司」と称する「平十字《ヒラトウジ》」があらわれる。彼は古い巻物を取り出し、この巻物は「父祖代々、御神体であるから、見たら目がつぶれる」といわれ、厳しく秘匿されてきたものであることを楢崎に告げた。そして「今までに、これを刀のツバや定紋の絵だろうといった学者がいたが、そんなものじゃないんだ」と厳然といい、また、「カタカムナの神を祀り伝える家柄は、平《ヒラ》家と食《メシ》家である」とも語ったという。

楢崎はその巻物を開き、そこに示されている図象を一目みて、これこそ満洲の蘆有三老師

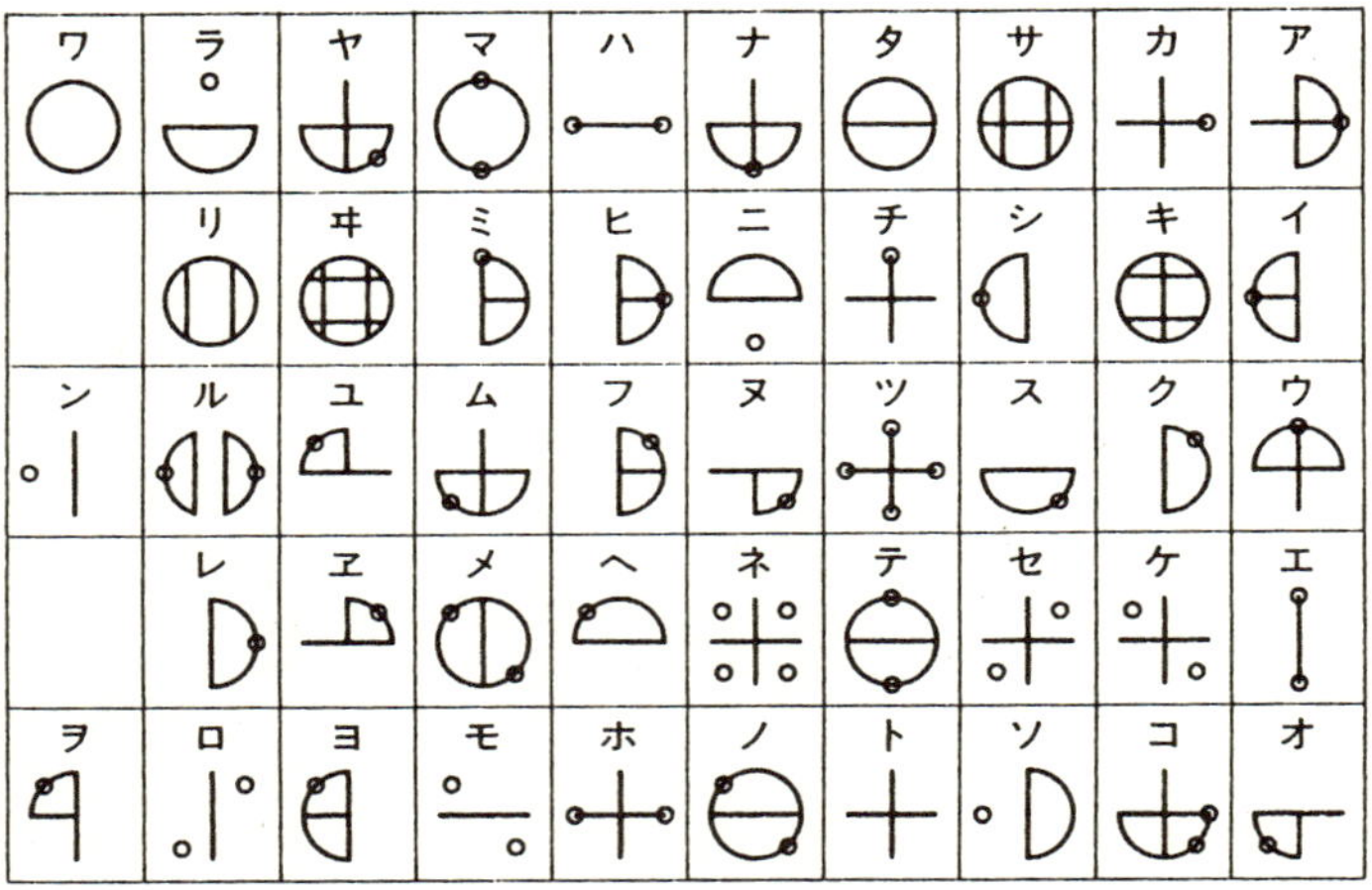

写し取られたカタカムナ
相似象学会誌『相似象』より

の「八鏡文字」ではないかとひらめいた。その巻物を写そうとし、平十字もこれを承諾した。この巻物を二十日かけて書き写したのが「カタカムナ」である。

さらに平十字は天孫族（現在の天皇家の祖先）と、アシア・トウアン（カタカムナの神を祀る一族の主）との戦いを語った。アシア・トウアンは戦いに負け、九州で死んだという。日本の山の民のルーツもまた、同じ物語であるものが多いので、おそらくカタカムナ人は山の民の中に存在しているのであろう。

そして平十字は「宝物を授ける」といい、「明日の朝、ミトロカエシの沼の上で、小鳥が九〇度方向急転回するので、その直下を掘れ」と指示した。翌朝、半信半疑の楢崎がその地で待っていたところ、平十字のいう通り、小鳥の急転回を見た。直下を掘ると、黒い珠が一個出てきた。この珠を砥石で磨いたところ、光が内から発した。掌に入る程の金色燦然《さんぜん》たる珠は、純金の比重をもつようであったが、その附近は金鉱石の全くないところであった。楢崎は霊感で、これは元素転換技術（錬金）の可能性があるのではないかと感じ、平十字なる人物の消息を探し求めたが、まったくつかめないままに終わったという。

楢崎は、写し取った図象を自ら解読した。それを読んでみると、五・七調の和歌のようになっている。日本人は日本語で涌き出してくる思いを綴ろうとすると、自ら五・七調になる。これをもって、カタカムナのウタヒの基底思念を読み取ることができたのである。

カタカムナは、日本の神の名や自然の現象を後世の大和言葉を使い、五・七調であらわしている。アイウエオからンまでの五〇音を別表の通り、完全に日本人の心で理解できる。私はその意味からいっても、古今東西で最も心に染みとおる物の理こそ、現在とは「別のもの」、この「カタカムナ」だと考えるのだ。（以上、『相似象』を参照）

3 「カタカムナ」五〇音の意味

日本語の五〇音の一つひとつには、天然・自然の響きと人々の思念が込められている。日本では古い和語の意味に、しばしば、そのもの自体の名称とともに、そのモノの成り立ちや発生源までも意味する思念が含まれている。それは日本語を構成する五〇音の一音一音が、天然自然の成り立ちの響きを基底の思念として意味しているからである（表意文字）。これがツラン民族の「ウラル・アルタイ系言語の特色」で、アルファベットのような単なる音の表記（表音文字）とは全く異なる特色である。アからワ、ンまでの一音一音の響きの思念を列挙してみよう（これは『相似象』を参照した私の解釈である）。

①ア行　天然・自然全体の状態
〔ア〕あらゆるひとつながりの存在から、
〔イ〕現象界の大元に一つひとつ（イ）の波動があらわれ、
〔ウ〕見えない世界と見える世界との境からウツ（左旋・右旋の渦）があらわれ、
〔エ〕物質界でえにし（重合）に互いを選びあって（互換）、
〔オ〕おのおの個々のものが立体的に示される。

②カ行　カ（気・エネルギー）の次元
〔カ〕無限量の力が、

〔キ〕キ、イキとしての波動の塊となって、
〔ク〕自由にクルクルと回転しながら、
〔ケ〕現象界にケタを（正反に）わたし、
〔コ〕個々のモノとして統合される。

③サ行　物事の差（ランク、別）の次元
〔サ〕見える世界の鋳型の差が、
〔シ〕見えない世界で明示（指示）され、
〔ス〕現象界に現象（スベシ）し、
〔セ〕現象界のセツナに、
〔ソ〕現象界を成り立たせる素、礎（ソ）となる。

④タ行　事物の質（内容）の次元
〔タ〕独立（タッテイル）している鋳型は、
〔チ〕チカラとなって発生が持続し、
〔ツ〕アマウツシによって、ツヒ、ツラナリ、ツネに、

〔テ〕物質界にテラシダサレテ、
〔ト〕統合される。

⑤ナ行　事物の集合運動（変化）の次元
〔ナ〕天然の写しは何回も繰り返され（ナ、ナと）、
〔ニ〕同時にニスガタとして定着性をもち、
〔ヌ〕潜態性を抜け出て、
〔ネ〕根の如くねばり広がり、
〔ノ〕モノとなって乗り移る。

⑥ハ行　事物の離散運動（変化）の次元
〔ハ〕波の±の方向は、
〔ヒ〕それをヒ（比）・基準にして、離散・重合し、
〔フ〕根源のふたつの力は、
〔ヘ〕あらゆる方向へ変化し、
〔ホ〕正反親和のモノとして（ホ）保たれている。

⑦マ行　離散運動の終わり（間）の次元
〔マ〕大円（ワ）は潜態の始元量としてのマをつくり、
〔ミ〕三つの位相（イカツミ＝電気、マクミ＝磁気、カラミ＝力の位相）をもつ潜態のマリ、ミ（素量）の保有量による固有運動を行い、
〔ム〕目にみえぬ力が六方（ムッツ）にひろがって立体的に凝集し、
〔メ〕天然のメグミとなって、
〔モ〕もろもろのものとなっている。

⑧ヤ行　集合運動の終わり（安、休み）の次元
〔ヤ〕極限、八方、満ち足りた状態、あとは九、十（コト）に統合される。
〔ユ〕物事の由来となる幽玄の世界を通って、
〔ヨ〕すべての現象の四相性として与えられている。

⑨ラ行　らせん状（渦巻き状）運動の次元
〔ラ〕天然の姿は、ひとつながりの渦とラセンである。

〔リ〕それが波動の塊となって潜在世界で分離し、
〔ル〕流動しながら存在の状態を保っている。
〔レ〕その物質界へのあらわれが、関連性をもった形であるモノで、
〔ロ〕天地四方（六合）のモノをつくっている。

⑩以上の次元の総和
〔ワ〕輪、大円、宇宙球の全体像、和した輪の状態。
〔ン〕無であるが、そこからすべてのモノが発生（励発）される。
（この①から⑩までの分類は、カタカムナ研究家大黒屋宏芳氏の考えを参考にした）

カタカムナで簡単な単語の意味の解読をしてみよう。
①イノチ　〔イ〕一つひとつ一人ひとりの存在（モノ）〔ノ〕〔チ〕力《リョク》となって、その発生が持続されているもの。
②ゲンソ　〔ケ〕現象界にケタ、正反が結合して、〔ン〕すべての現象が発生、励発される〔ソ〕最も基本的な素、元素。
③スイソ　〔ス〕現象界の大元となる〔イ〕一つひとつの物体をつくる〔ソ〕最も基本的

な要素・元素。

④ウラン　〔ウ〕潜象から現象界にあらわれようとする渦が〔ラ〕潜態では激しくらせん運動しているものを〔ン〕すべてのパワーを発生・励発させる原子量になる物質。

⑤マゴコロ　〔マ〕天然自然の波動の渦。大円のもっている真実の〔コ〕一つひとつの万物がもっている〔ロ〕天地四方に存在するモノに備わっている能力。万物には心がある。人の場合も頭や胸だけでなくて全身に存在する。

⑥ナリ（本性）　天然の似姿が潜態でそれぞれのモノに〔ナ〕なって〔リ〕分かれたもの（アマウツシ）。モノには潜象に必ず鋳型がある。

⑦タチ（本質）　〔タ〕独立している潜態の鋳型が、〔チ〕力となって発生し持続している。ナリタチで性質となる。

⑧イキホヒ（勢、エネルギー）〔イ〕一つひとつの〔キ〕気・エネルギーの波動が、〔ホ〕正反親和の波動に保たれて〔ヒ〕激しく運動し、離散集合している。

⑨イノリ　一人ひとりの個々〔リ〕の想い。〔イ〕がそれに乗り移る。イノリを続けるということは、生命のエネルギーを、身体を活性化させるために取りいれることでもある。続けるとは、力となって発生したパワーを、常に現象界にケタ（正反に渡し）流転しながら、存在の状態を保っていることである。

天然・自然の響きである日本語は、音声のまま重ねて単語をつくることによって、理論的につくった外国語の形容詞とは違い、ありありと生々しく心に響いてくる。

パッ、ポツン、ヒッソリ、アッサリ、クルクル、ソワソワ、セイセイする、ゾォーッとする、ゲッソリ、ケロリ、フワッ、スカッ、ニヤニヤ、ニンマリ、ニタリ、ゲラゲラ、ケラケラ、ホクホク、プンプン、カッ、ムッ。

このように、自然の響きのままの日本語で育った日本人は、虫の音や川のせせらぎのような、他国人は雑音として処理してしまう音に美を感ずる。これが「ものの哀れ」や自然への畏怖心、繊細で審美的な感受性をもつ日本人の特性（右脳形人間、母音言語等）となっているのである。

4 「カタカムナ」の核心とは何か

楢崎は従来の見方とは別の角度から科学や歴史を探究した。その異能的研究の主なテーマは次の通りである。

①考古物理（カタカムナ解明による彼独自の物理学の探究）と「カタカムナ」解読。

②反電磁場（核エネルギーを無力化させる）。天然文明は、「アマ始元量」（真空に潜在している宇宙エネルギー）の生成（湧出）と、その還元（真空への消滅）を駆使する。

③人体波、植物波、地球波等、今の科学では未知とされる波動により、健康や天然農法、地球の波動からのエネルギーの取り出し等をおこなう（すべて±0の波である）。

④石炭、石油に代わる新エネルギー（人造石油等）。たとえば、ヘドロの出すメタンや、炭酸ガスと水素を使って石油にする（そのために有効な触媒が必要）。

これら科学理論の詳細は第二部でふれることにする。第一部ではこのうち、「カタカムナ」が、いつごろ、どこで、どのような背景によって成立したかを探る。

カタカムナには、神、仏、神秘思想がみられない。カミ（神）の大元に「カム」（すべての宇宙の力が一体となって無、何も存在しないと同時に、すべてが潜在する。私が考える〝0＝無限〟の宇宙の真の大元）があり、この「カム」と「カミ」（力《チカラ》がミ・身、実をもつ）との対向によって、アマ（宇宙現象の大元、現象ではなくて潜象）が生じ、次々に分化していき、そのアマの似姿（鋳型、元型）が現象物に集合されて（アマウツシ）、二次、三次的エネルギーが生産される。

「アマウツシ」は重要な概念で、潜象界からアマ始元量が電気、磁気、力（重力等）の微分素量となって現象界に移写・転写されることである。反対に現象界から消滅する「アマカエシ」（還元）も存在する。これにより核物質の処理が可能である。

現在常識となっている人類の歴史や科学とは完全に別系統のものが、大昔の日本には存在したのである。これは少なくとも数千年前といった新しい類のものではないだろう。もっと大昔の、超古代の叡智そのものではないだろうか。

カタカムナの図象文字を解読すれば、記紀をはじめ、多くの古文書や民話、伝説等として伝えられた神の名（アマノミナカヌシ、イザナギ、イザナミ等）に秘められた真の意味を究明することができる。日本の上古代（超古代）に把握された「カタカムナのサトリ」・哲理により、生活技法開発と民族のコトバ（共通の言語と数詞の基礎）が創造され、それらが日本語および日本文化の元型となった。神話的ではなく、理学的にそうなったのだ。そこには、神や仏や神秘思想をもってくる必要はまったくなかったのである。

なぜかというと、宗教ができたのは二千数百年前の釈迦の仏教以後であるのに対し、「カタカムナ」は四千年以上（シュメール帝国が存在した）、場合によっては一万年以上も前の文献であることは確実だからである。二千六百年より前には、人は宇宙や自然を畏敬していたのである。これを現代ではアミニズム・多神教といっているが、けっして原始的なものではない。

5「カタカムナ」と「0理学」は相似である

「カタカムナ」が、現在の世界観や科学観において「最高」といわれるものと全く異なる点は、「相似象」でいう「潜象」の存在と、「神」ではない「カム」の視点、それに「アマウツシ」である。

「潜象」「カム」という視点は、人が「カミ」「ホトケ」を最高とし、現代科学における「事物（宇宙や人生のあらゆる現象）の発生原因」を、「量子力学」のように「偶然性や確率に求める」ような世界観とは全く正反対である。

「カミ」というのは、「カム」（すべての力が同じ状態にあるので、すべてがあり、しかも何も存在しないこと）である。数でいうと「無限大」ではなく、「0＝無限」である。これが宇宙（力がミ・身をもつ、すなわち有限の存在）の根源、すべての大元である「カム」である。

宇宙誕生（発生）前の「カム」は、対を絶した孤高の存在であり、対は存在せず、全く何もない、ゆえに何でもあるという絶対である。その絶対のカムの一角に「ゆらぎ、アンバランス」（宇宙をつくりたいというカムの意思）が生ずると、無限のカムの一部分、片隅に「カミ」（カムと対向するペアとしての宇宙現象、カムとペア＝対向のカミがあらわれる）、すなわち宇宙現象が生ずる。ゆえに宇宙の大元は「カミ」ではなくて「カム」なのである。

いったん宇宙が生じると、対を絶した絶対・カムから、「カム＝カミ」の対向の相似象として、カミ以後のすべてが、プラスとマイナス、正と反、表と裏、男と女のように、右旋、左旋の違いによるプラスとマイナスのように、すべてペア、対となって、メビウスの環状の「相対の世界」が展開してくる。

次頁に図示すると、現代科学では「右ネジ」（ネジを締めるのは右回り、ゆるめるのは左回りの世界）だけの世界を考えている。右ネジとは「現象した物質の世界」のことである。

私は「カム」以外の「カミ」以下の宇宙現象は、すべて「目に見える世界・現象＝右ネジ」と、「目に見えない世界・潜象＝左ネジ」とのペアであると考える。これを科学的にいうと、「複素十字形座標」という。真ん中の直線の右側が「実数（物質の世界である右ネジ）」、左側が「虚数（見えない虚質の世界である左ネジ）」であり、「カム＝カミの対向」のように、「実と虚の世界の対向」という相似象である。とくに縦軸（虚軸）と横軸（実軸）との中心点•が絶対に重要である（一般の考え方ではこの中心点•が存在していない）。この中心点•で、左ネジの回転は反転し、反対回りになって右ネジを形成する「メビウスの環状」の動きをする。「カム」以外の「カミ」以下の世界はすべてこのようである。

つまり、すべての現象は「左ネジの潜象界」の方から中心点・で反転して「右ネジの現象界」へ物質化してあらわれる。大元は潜象界の「カム＝カミの対向」から発生した「アマ（宇宙球）」（宇宙現象の潜象の大元の状態）の心（元型、鋳型、ひな型）の「アマウツシ」である。

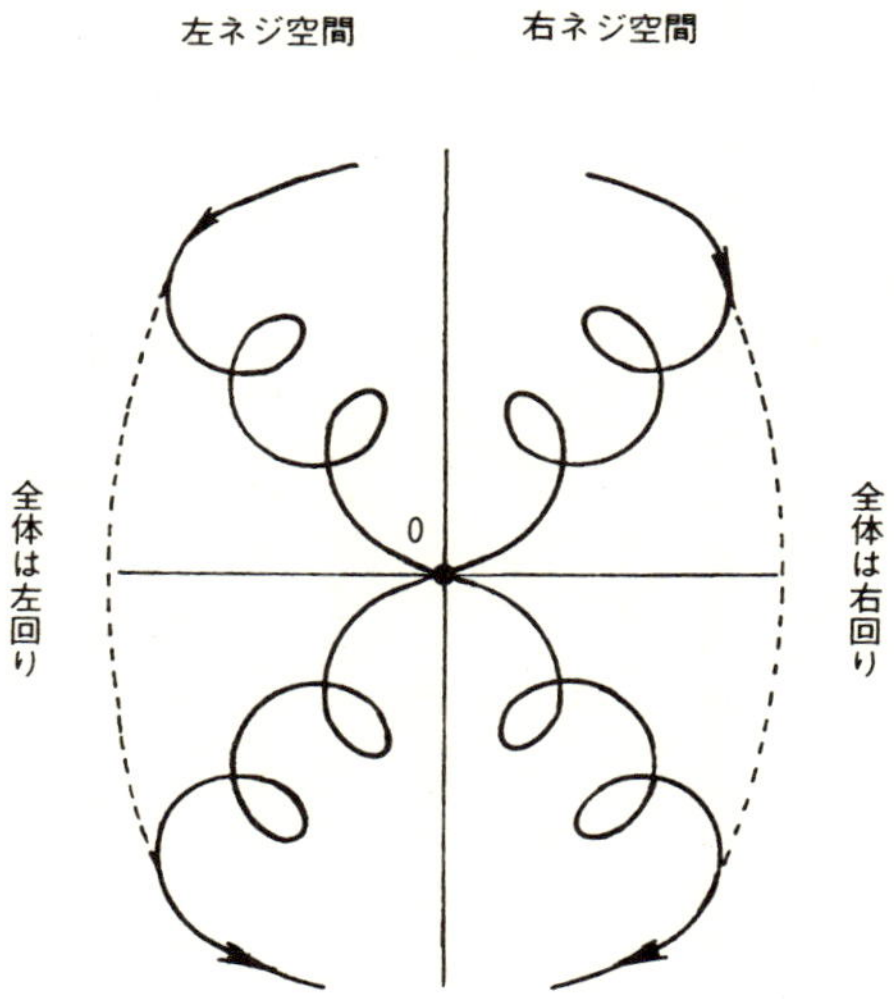

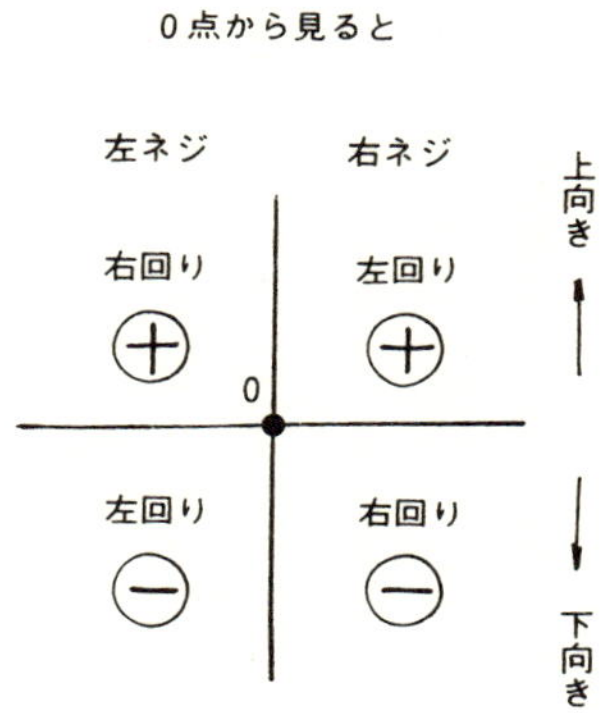

複素＋字形座標

「カム」に存在している「あらゆる元型」と物（人だけでなく動植物、鉱物にもある）や想いが共鳴、同調すれば、アマの心（元型）は、直ちに左ネジの中心点・で反転して、物質化して現象する。だから、「確率論的」とか「偶然性」といったものは、アマ→カミ→カムまで辿っていくと、一つも存在するはずがない。究極まで辿ると、すべては必然（大元の鋳型、シェルドレイクのいう形態形成場）によって成っているのだ。

現在の科学やわれわれの思考は、「0は何もない（虚無）ということである。物理現象の0も、数学でいう大きさも広がりもない」ことになっている。しかし、カム以下のカミの0は実は無限と対向（ペア）である。0は＋－、NS、正反等すべてが重なりあい、打ち消しあって0なのであり、全く同じ状態である。だからそこには現象は全くないが、すべてが同じ状態で潜在している。粒子は0だが波動の世界なので、人が何かを思えば、すべてがある鋳型の世界に潜在している同一のパターンと共鳴・同調して、物体でも意識でもすぐに潜象と全く同一なものが物質界にあらわれる。

楢崎は「アマウツシ」によって、「泥から生命、物質が湧き出す（現代生物学の、生命は親から子へのDNAだけと考える生命発生論の正反対）」ことを発見した。自然には、潜象から現象出現への正波動とともに、現象から潜象へと還元していく逆波動が存在している。右ネジ・左ネジの対向による、電気・磁気・力等の逆波動「ミトロカエシ」によって、反電磁場における右三つの正反・六種の基本量の干渉により、すなわち私の0理学と全く同じように、＋－ゼロ（NSもゼロ）の空間をつくれば（現実にはゼロ磁場をつくる）、「アマウツシ」による大量発電も、その逆の「アマカエシ」による物質の消滅（ゴミ処理に有効）も自由自在にできるようになるのである。

まさに＋－ゼロ、NSゼロ（ゼロ磁場）をつくることによる、「無限＝0」である。0を探求することこそが私の考える0理学である。楢崎は、今から七十年以上前に、0理学と全く同じ発想によって、技術的にもかなりの成功を納めていた（だが、あまりにも時代の先を行っていたので世間からは認められなかった）のである。現在、一部では「原子転換」が試みられている。まだ元素間の変換しか考えられていないが、これに「アマウツシ」の天然理が加われば、すばらしい前進がみられるであろう。

さらに楢崎は「宇宙対向式静電気印加用電源装置」を発明している。この中では「対向式」が決定的に重要である。これは「＋－対向で0の空間をつくる」ものである。UFOの推進原理は「NS対向でゼロ磁場空間をつくる」ことが必要であるが、このどちらも「0」がキーポイントになっている。これによって人体や動物の健康、味噌、醬油等の熟成・保存、ゴミ処理（貴重な資源として還元）等ができるという。

このように、私の「0理学」と楢崎の「正反対向による0の科学」は、全く同じ発想に基づくものであり、これは現代科学とは「別のもの」なのである。

6　現在の定説には「カム」＝「0＝無限」がない

現在の科学や世界観による常識では、0と無限は全く対称的な概念である。量子論は「粒子性と波動性」の対立・矛盾を「相補性の原理」（両方ともに存在し相補っている）によって解決しているという。しかし、明らかに今の科学は「粒子性科学」である。私がいう「0＝無限」などという考え方は皆無なのだ。存在するのは、0と無限とは正反対であり、別々であって、無限大と無限小（0と混同することもある）を極限とする考えである。「無限と0とが同じもの」という概念がないため、0と無限大が出てくると、測定しても数値が出ないので研究対象からはずすことになってしまう（右ネジだけの物質界には、0と無限が同一であるという事実はない）。

0理学や、楢崎、それに大橋正雄が考えるのは、「波動性科学」である。これに基づいて世界を見ている。「粒子性科学」というのは、数学の世界観でみた考え方で、基準量としての1があり、その1の2、4、8……∞倍が無限大、その1が$\frac{1}{2}$、$\frac{1}{4}$、$\frac{1}{8}$というように$\frac{1}{\infty}$となった数が無限小で、「絶対」ではなく「相対」の数である。粒々、切れ切れ、一つ二つと数えられる数である。

ところが波動性科学は「相似象の科学」であり、すべてが「ひとつながり」であり、フラクタル、すなわち大きいものも小さいものも、現象も潜象もすべてが同型で同じパターン（相似）でできているという考え方である。切れ切れでなく、大小つながって同じであることが最大の相違点である。現在の科学で、電子、陽子、中間子等といった「子」の付く言葉は「粒子性」そのものだといえる。

宇宙（の根源）とか、カミ・ホトケ等をもって「すべてのモノの根源」とする考え方は、一見「絶対」とか「絶対者」として「すべての大元」と思い違いをしている。これは「相対」概念の一つに過ぎない。何らかのものとの対向、矛盾・対立する、＋－や正反のような「メビウスの環状の相対の世界」に過ぎないのだ。

対向とか相対といった概念が存在しないと考えた、古今東西の聖賢は稀に存在した。しかし、これは世間の常識にはない、本当の絶対概念である。それはおそらく今の文明より以前の超古代の叡智であろう。

二人例をあげよう。ひとりは日本の最高の哲学者・西田幾多郎（一八七〇～一九四五）、若いころ禅を体験し、東洋と西洋の思想のエッセンスを統合した「絶対矛盾的自己統一」による「絶対弁証法」である。

従来の哲学の究極は「絶対の有、すなわち実在」(右ネジの世界)であった。だが、西田はそうではなく、究極は「絶対の無」であり、その「場所」だけが「すべての矛盾として存在する実在」を、二律背反ではなく、「一と多との矛盾」が自己同一的に、その場所(絶対無から有が発生する場であり、私がいう万物の中心の0点)が場所自身を「限定」するという。

「絶対とは対を絶したことである(あとのすべては反対物の対向、相対の世界)。しかし、単に対を絶したものは、単なる無に過ぎない。絶対そのものの自己矛盾があるのだ。絶対は無に対することによって、真の絶対となる。絶対の場所には『+と−』のような矛盾はないが『絶対と無』は常に対向している(すなわち私のいう『0にして無限』のことである)。絶対の無に対することによって、絶対の有(真の無限)があるのだ。自己が自己矛盾的に自己に対立し、無が無自身に対して立つということである」(『場所的論理と宗教的世界観』より要約)。

もうひとりは、ルネサンスの思想に最も大きな影響を与えた、新プラトン主義のプロティノス(二〇五〜二六九)である。プロティノスはすでに三世紀に、宇宙の根源を「一者」といい、「0=無限」と同一の考えを述べている。

「光そのものの「一者」から、叡智→霊魂→自然→質料と順次光が弱まって、質料に至ると、闇そのものの質料が混じり合い、万物が創造されるという。だが、全く暗闇となる質量でさえ一者と対立するものではない。むしろ一者が下に向かって創造する、一者自身の足場であり、消極面に過ぎないという。

叡智（全智全能のような神のような世界）の上にあるものは捕えがたい驚異である。一者そのものである。これらについては、存在している他の物の属性にされることがないとさえもいえないような、どんな名称も適当でないものである。だから、われわれはこれを〝分割できない〟〝限界をもたない〟〝場所を占めない〟〝思考も意識も遊動も持たない（不動体）〟〝万物を生むいかなるものでもありえない〟ものと呼ぶ（万物は一者のゆらぎにより、一者カムとカミとの対向による相対界が生じなければ不動である）。

一切万有に対して、一者の本性は生産者の立場にあるがゆえに、それは一切のうちのいずれのものでもないのである。かくて一者は実体にあらず、性質にあらず、量にあらず、叡智にあらず、霊魂にあらず、また動きつつあるものでもなければ、さりとて静止しつつあるものでもない。場所の中になく、時間の中になく、ただ独絶自全の単相者というもまだ足らず、むしろすべての形相に先立つ無相者で、動に先立ち、静に先だつ。

およそ始源なるものは、自分より後にあるものを必要としない。かくして神が万有の中に内在するのではなく、明らかに万有が（カムのゆらぎによって対向した）カミに包有され、カミのうちに内在するのである」

この西田とプロティノスの発想は、現在の最高の知性といわれている人々をさらに超えた、現代文明の常識とは「別のもの」を内在させている。いわゆる「超古代の叡智」そのものである。そして、「カタカムナ」の現象に対する潜象、カミのさらなる根源の「カム」＝「一者」「絶対（者）」、さらに完全に波動性に基づく「アマウツシ」や「相似象」、自然から湧き出す（流出する）「ミトロカエシ」等、現代の常識とは違う、「超古代の、別文明による、別のもの」が新生するのである。

7 「カタカムナ」と神道の神

①「カタカムナ」の「カタ」とは、「我々の見ている現象宇宙は、世界のすべてではなく、それは（現象と潜象との）片・片である」こと。「カム」とは「象（カタチ）なく、目には見えない（何もなく、絶対で対を絶している）宇宙の根源」のこと。「ナ」とはカムのココロと交流し潜在している現象（客観）に内在している中心核のことである。

②カタカムナは「現象界を支配している客観（現象）背後の基礎物理量」に関する天然科

学（自然科学はカムではなくカミ、力《チカラ》が身をもつ）である。直観物理、学校や他人の考えから教わったりせずに、現象ではなく、自分でその現象の根本原因を考えることである。

③すべては対向（右旋と左旋）・ペアで存在している。また万物万象に共通する象は「球・マリ」である。カム（天然）から潜在のアマ（自然）が対向して発生する。「アマ」は「あらゆるマ」であり、「マ」は「一切の物象の始元量」で、マやマリが中心部で重合し、球の旋転にともなって、時間量と空間量を交換分離するのが、「トキ・トコロのマリ」である。またマから分かれた微分量のマリを、アマに対して「アメ」という。ちなみに、その最小単位がプランク定数h10^{-43}㎝だというのが私の考えである。

④カム—アマの重合系潜象からアメ→マリ→ミツゴ→モコロというように、複雑に互換重合進展（すべて潜象）して、最後に結果として、現象界が誕生するのである。

⑤カタカムナの「48文字のウタヒ（イロハ歌と同様に同じカナは一回しか使わない）」の意味は次の通りである。

「アマの本来性は、ヒフミヨイ（正）ムナヤコト（反）のマワリテメグル、旋転（球形）循環（渦流性）にあり、これはヤ（極限）までコト（繰り返し）続くものである。

そしてアウノスベシレ（重合交換・統合）カタチサキ（分化、微分）、ソラニモロケセ（還元・崩壊）も、そのままの本来性に基づく自然則であって、ユエヌオヲ（理屈ではない）。

それが万物万象に受け継がれて、すべてのものがハエツ（発生）するが、そのチネホン（根源）はカタカムナ（片々・ペアの潜象）である」（46ページの図を参照）

このように、すべての現象の根源は、正反対の回転によるペアの対向の「カム」に、「ゆらぎ・アンバランス、対称性の破れ」が起こると「カミ」→「アマ」……と分化して、「潜象」から「現象」が発生するのである。すべては「カムのゆらぎ」から起こっている。

次に「神道の神」と「カタカムナ」との違いを述べよう。

①『日本書紀』に、「一書」なるものが二〇〇以上、『古事記』に「偽をけずり、実を定める」ために「旧辞、本辞、帝紀等を撰録（他を抹殺）した」とある。常識では、「無文字時代」のはずだが、「カタカムナ文字」や「神代文字」を認めると、日本には今とは異なる超古代の文字があったことになる。

②日本語（もちろん文字も）の起源として、カタカムナ人は、音ならぬ音（振動だけでなく気配も）を響きとして感受し、日本語の一音一音に意味があり、思念が込められている。これがカタカムナの図表文字に「表音文字」ではない「表意文字」の原型を残している。五七五七七の「万葉集」は突然つくられたのではないのである。大昔からの日本の形式にのっとっている。

③外来征服者は日本的心情に気を使って統治しなければ、日本を上手く治めることができなかった。たとえば、他国に無い天皇である。天皇の前も、シュメール（ラテン語では「スメル」といわれていた）「スメラミコト（スメルの王）」を民族の中心的親として、『古事記』の神を疑いもなく天皇家の祖とし、「最高の敬崇の的」とした。

④日本は天皇を中心にしなければ治められなかった。日本人は亡ぼされた恨みもケロリと水に流し、日本神話の神々や歴代天皇を民族の中心親として、そのことを疑うことなく、民族の中心軸がしっかりしていたので、たびたびの騒乱を解決し、明治維新後は他のアジア人にはできなかった西洋風の近代化に成功したのであった。このスメラミコトや天皇に対する尊崇の念が、日本を「世界一古い皇統の国、万世一系」といわせているのである（実際は、三世紀前半の神武や卑弥呼の時代より前、先史時代にはいくつか別の王朝もあったのだが）。もちろん、たえまない戦乱もあったが、天皇のような中心を持つアイデンティティのもとに、一つに固まっていた。

⑤神道はカタカムナを受け継いだものではなく、カタカムナの直観物理を説いた言葉を、神の名や地名として伝承した。これは後代人の神秘観念に基づいて発想された宗教文化、仏教やキリスト教などが誕生する以前の神秘主義による日本的宗教というべきであろう。

この考えに基づいて、神の名を「カタカムナ」で解いてみる。
アメノミナカヌシ：潜象のカムナに対応する現象界の中心核（アマナ）
タカミムスヒ：形あるものの生まれる元。
カミムスヒ：無形の生まれる元。
ウマシアシカビヒコヂ：アシ（タテ）カビ（ヨコ）に正反の力が一つとなり、物の結晶がタテヨコに伸び拡がるさま。
アメノトコタチ：トコタチはともに拡がる。万物の共存共役性、互換重合性。
トヨクモヌ：目に見えない個々の素量の組み合わせ。
ウヒヂニ：大宇宙の遠い中心に向かう求心力（これは今の科学体系には入っていない±0電磁波、スカラー波、ダークエネルギー、ねじれ波のような斥力のこと）。
スヒヂニ：小宇宙の近い中心への求心力（重力）。
ツノグヒ：個々の見えないクヒ（アマがクヒを打つように）。
イクグヒ：生きるためのクヒ。
オモダル：アマナに働く力が物の重さになる。
アヤカシコネ：生物一般の雌雄性器。
イザナギ：粒子性。

イザナミ：波動性。
アメノウズメ：ラセン的な可逆渦の繰り返し。

人の心については、カタカムナはいう。
①心はアマのココロ（マゴコロ）が、マリにイノチの示す機能が仕分配分されている。アマを軌範（カガミ）とする万物万象（ヤホヨロヅ）は、アマ始元量のイノチ（アマ・カムの連帯）によってあらわれたものであり、アマ（マ）が疎通し融通するマリのココロ（ココロ）である。そして、そのマリに与えられた機能（心）には、常にアマのイノチの機能配分、すなわちマのココロ（アマの心）が重ね合わされている。
②人間のように高度の機能の集合体には、細かく分担されて入り混じっている機能の仕分に、マのココロと歪んだココロが発生し、マコトとウソのねじれた心が反映する。その個々の心がそれと重なるアマのココロと互いに通う仕組みは、アマナとカムナが共役してつくり出す、無限大の速さの「アマハヤミ」によるのである。歪んだ心は、このアマハヤミとは通じることができない（共鳴、共振しないから）。
次に掲げた図は、これらアマ、アメ、マリ等の関係を「カタカムナ直観物理の対象」として図示したものだ。日本の言葉の音の意味、それにアイウエオ以下四八字の思念である。

カタカムナ直観物理は二部「科学編」でも再度説明する。読者の方々は、私見ではおそらく八千年前、少なくとも約四千年以上前に花開いたカタカムナ文字と一字一字の思念を味わっていただきたい。

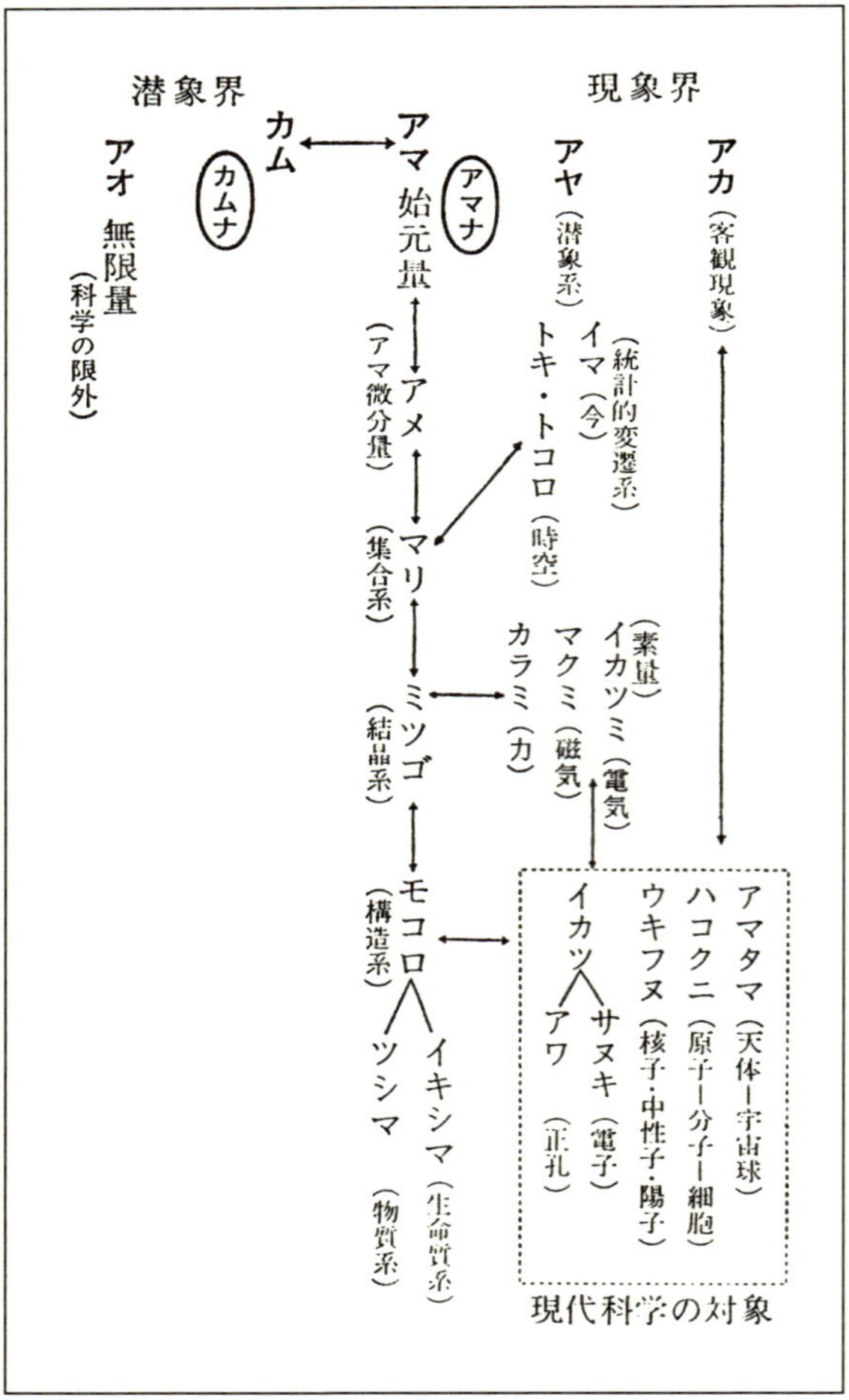

カタカムナ直観物理の対象
相似象学会誌『相似象』より

8 「カム」は超古代文明にしか存在しない考えである

現代の人類の文明は、二千数百年前の宗教・カミを自覚し、支配者が王となって住民を支配し、分業や都市、さらには貨幣を発明して、それを元型として現代に至っている。二千数百年前というと、その前後はシャカ、ソクラテス、イエス・キリストその他の教祖が次々に誕生したときである。

これら宗教でいう考えは、「カミが天地・自然をつくった」という、創造者・造物主を「神《カミ》」とし、「全知全能をもった絶対者」とした「宇宙や地球や人間の創造説」である。

「カタカムナ」は「カミ」を造物主としてはいない。「カミ（カが身をもった存在）」ではなく、「カム（すべてが同じで何ものもない。ゆえにすべてが含まれている宇宙の真の根源）」の一部が「ゆらぎ、アンバランス」を起こして、宇宙現象「カミ（宇宙現象の大元）」との対向（＋－、NS＝0のペアとして重合する）によって「アマ」（宇宙球）→「アメ」（アマ微分量、最小の物質プランク定数h大）→「マリ」→（アメの集合体）→ミツゴ（結晶系、電気イカツミ、磁気マクミ、カカカラミ）→構造系の「モコロ（生命質と物質）」の「万物」に進化・変成していく。

しかもここまでは「目には見えない潜象（五次元以上の時空）」であって、これが次元の結節点で反転して「目に見え、測定できるようになる何らの数値をもつ四次元時空（タテ・ヨコ・高さ＋時間）」として出現してくるのである。

なぜ五次元以上の潜象は目で見ることができないのであろうか。それは「＋－ゼロ、NSゼロ」の「0」だからである。この0を探求するのが、私のいう「0理学」である。「カタカムナ」の「潜象」は、私がいう「五次元以上の0の世界の存在」だということが決定的に重要である。この「0理学」は「カタカムナ」でいう「潜象」と全く同じであって、カミを始原とする宗教発生以前の人類の叡智であることは確実である。二千数百年前の地球はどうだったのだろうか。

9　ムー文明は日本からアジア大陸につながる文明であった

地球の「現在とは別の文明」は、前述した蘆有三老師の「太古、日本に存在した八鏡カミツ文字の文明があった」という見解と、楢崎が六甲山中で出合った平十字の「カタカムナの巻物」とによって、カタカムナの存在とともに事実となったと私は考える。

では、日本に残された「カタカムナ」はいつの時代の文明なのであろう。現在の歴史学の常識では、鉄器の前は青銅器、その前は縄文土器であり、さらに前は石器と、時代をさかのぼるほど人間は原始的になって、今の文明が最高だということになっている。そうだとすると、現在より高度の文明などという考え方はナンセンスだということになってしまう。

しかし、アトランティス及びムー文明のようなすぐれた文明が太古に存在した、という考えは、超古代の秘密の教えやアカデミズムの一部には根強く存在している。

かつて、太平洋の真ん中にチャーチワードがいうムー文明、大西洋（一部の説は地中海中に）にはプラトンがいうアトランティス文明と、高度な文明があったという。

しかし地球物理学的には、太平洋の真ん中にニューギニアのような形をした沈没した陸地跡は存在しないし、ヨーロッパの近くの海底や大西洋の真ん中には、アトランティスらしい水没した陸地はないということになっている。

ここで発想を転換して考えると、

①直近の氷河時代ビュルム氷期は、紀元前九六〇〇年頃（一万一千六百年前）に終わりを告げ、地殻移動による大地震と津波が極地の氷を溶かし、海面は一五〇メートルほど上昇して低い土地を海中に変え、人類や生物の大絶滅を起こした。このときの記憶が世界中の洪水伝説を生んだのである。氷期時代、今の東南アジア、とくにインドネシア諸島はアジア大陸と陸続きで、「スンダ大陸」と呼ばれた。それがムー大陸の正体である。

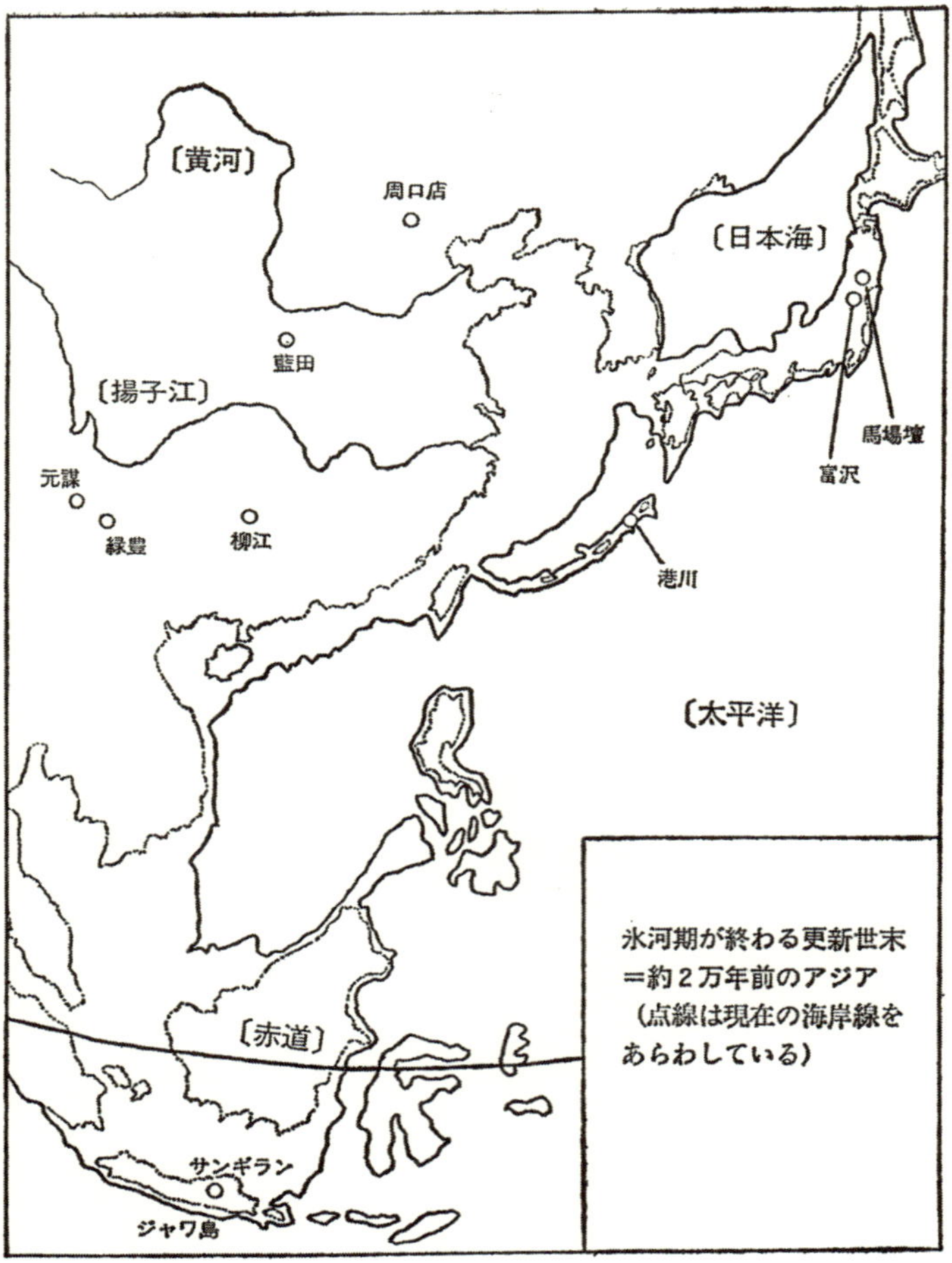

陸続きのアジア
岩田明『十六菊花紋の謎』より

②海面上昇と同時に地軸の変動も起きて、北極や南極の地点も大変わりした。それまでの北極点はカナダのハドソン湾にあり、北アメリカやヨーロッパの一部は氷が張りつめていたが、現在の北極点に移動した。それによって暖かかったシベリアのマンモスが氷漬けになったりした。

南極は今より南アフリカやインドに近い方にあった。南極は東南極（ここは南極点に近いので氷結）と西南極（南米に近い方の独立した大きな島）があり、西南極はかなり暖かくて氷結していなかった。この西南極がアトランティス大陸である。この説は、ランド＆ローズ・プレマスも『アトランティスは南極大陸だった!!』で述べている。プラトンのアトランティスの記述にも十分対応している。

氷河時代、海面が一五〇メートルほども下にあった時代は、東南アジア（とくにインドネシア）から台湾を経て日本列島までがくっついて大陸の一部となり、日本海は大きな湖、もしくは狭い海峡による内海となっていた。その証拠は、大陸にいた象や多くの獣がこの時代の日本の地層から化石になって発見されている例を見ても明らかである。

その中の東南アジア、とくにインドネシアの島々を今はスンダ列島といっているが、それがアジア大陸と陸続きになっていた当時は「スンダ大陸」といった。これこそムー大陸の正体で、日本とも陸続きで往来、交流していたことは確かである。

ムー大陸（ただし太平洋中であるとの説）存在論を世界中に広めた、イギリス軍の大佐であるチャーチワードは、インドの僧院で、ムー文明のエッセンスである「ナーカルの碑文」を書いた粘土板を見せてもらったと主張している。これが事実だとすると、ムー大陸の中心はインドか、またはすぐそばのスンダ大陸だということも十分に考えられる。

私はそれらのムー文明の最高の叡智が日本へ伝えられ、当時の支配者との戦いに敗れて山の民となった平十字がカタカムナの巻物としてもっていたことは、決して不思議ではないと考える。

最後に「カタカムナ」ができたのは、なぜ四千年以上前であるかを推理してみよう。

人類の数万年の歴史は次のように展開したと考えられる。

①一万年以上（一万二千年ほど）前、氷期が終わって、地球は「間氷期」になった。そのとき大異変が起こり、特に低地は海の底に沈み、海面が一五〇メートルも下がってしまった。

②しかし四千年前までは、ムー文明の生き残りによる「ムー文明の余音」は辛うじて生き延び、一からやり直した人々によって残されていた。

③このムーの余音による成果が「シュメール文明」（約五千五百年前〜四千年前まで）であった。その文明の故事来歴や成果には、「シュメールの粘土板」、ムーの「ナーカル碑文」、

そして日本の「カタカムナ」に記憶され残されていると私は考えている。

④約四千年前のシュメール王国の滅亡によって、ムー文明の遺産は地球の表の歴史から姿を消していく。しかし歴史の低層流として脈々と流れ、昭和時代の「カタカムナ」としてあらわれたのである。シュメール人は世界中に航海民族として渡来し、名前は変わってもその文明の一部は断片的に伝えられていた。人類は移動と混血が当たり前なので、その後の民族名や国名が変わったが、アジア、ヨーロッパ、太平洋、南北アメリカ州などで、シュメールの血が人々の中に残っているに違いない。

⑤しかし、世の中はガラリと百八〇度変わり、次第に物質主義、弱肉強食になり、貨幣や教祖のいる宗教（教団）の発明などで、至上のものは太古の「カム」から「カミ」になり、今やカミを否定する人々までできた。現代文明や物質科学の発展によって、現代の世界体制ができている。

私が「カタカムナ」を知ったとき、①カミではなく「カム」が宇宙の根源である。②現象と潜象があって、潜象の方が大元である。③「アマウツシ」（発生）と「アマカエシ（還元）」が対になっていることなどから、これは現代科学体系にない発想だと直観したのが、このように「カタカムナ」を取り上げる理由なのである。

第二章　太古、日本とシュメールは兄弟民族だった

1　人類すべては移動の歴史

日本歴史ばかりでなく、朝鮮、中国、その他の国の歴史をみても、「自分たちは大昔からこの地で〝自生した〟民族である。他所から来たのではない」といい、そこから「ここは固有の領土である」というナワバリ意識が発生している。

しかし人類の歴史は、戦乱による主人公の交代、勝者による敗者の大量殺戮、他地方への亡命、移動による人口の激減と住民の民族的交代が、王朝が変わるたびに、とくに大陸では頻繁におこなわれてきた。

ここで、岡田英弘『中国文明の歴史』を中心にして、中国の人口の増減の実例をみることにしよう。

中国文明は四千年の歴史ではなく、紀元前二二一年の秦の始皇帝の統一にはじまる二千数百年の歴史である（それ以前は神話や借史の時代）。

王莽は新という王朝をはじめたが、ことごとく失敗した。その直前の紀元二年に、中国史上の最初の人口統計が記録にあらわれた。『漢書』の「地理志」に残る「口、五千九百五十九萬四千九百七十八人」という数である。この数字は、それ以後一千年以上も、この約六千万人というレベルに達することができなかったので、繁栄の結果の人口過剰状態を示している。

最初の人口大変動があったのは、後漢の光武帝によって再統一された三七年までの間で、戦乱と飢餓のために一千五百万人になり、七五パーセントも激減してしまったという。

さらに黄巾の乱によって後漢が滅亡した。黄巾の乱より四十年前、一四〇年の後漢の人口は四千九百十五万二百二十人だったが、それから半世紀後の魏・呉・蜀三国の戦乱の世の中では、実に十分の一以下に激減してしまったという。これは古い漢民族の事実上の絶滅と、周辺の北アジアからの新しい血液の流入による新中国人の出現である。この新しい血をもった新しい漢族たちは「北族」といわれている。

この北族（旧北族）も、一二七六年のモンゴル族の元帝国によって滅ぼされ、一六四四年から一九一二年に満州族の清が滅びることによって「新北族」の天下も終わり、今の中華民国→中華人民共和国の中国になったのである。

中国の都市は正方形の城壁に囲まれた中心に王宮のある城郭都市である。四面に門があり、正面は南門で、日没とともに閉じ、日の出とともに開く。城内に住む権利があるのは、役人、兵士、商工業者だけであって、城の外側に住む「蛮、夷、戎、狄」の世界から区別する。今でも中国の伝統は「都市戸籍」(都市住民)と「農村戸籍」(都市の城外の住民)とが分かれていて、格差問題が残っている。つまり本当の中国人は、「城内居住者」だけだったのである。

中国のような大陸国では(ヨーロッパ、ユーラシア等も多少は)、戦乱のたびごとに、人口の激減や他地域への亡命(中国の場合は満州↓朝鮮↓そして日本へというようなルート、および、奥地へ行って少数民族となるルート)も大集団でおこなわれている。たとえば、弓月君の国の人たちが「秦氏」となって、日本の畿内を中心に大量亡命をして渡来民となったことは有名な事実である。もちろん日本でも、たとえば縄文時代の関東地方の人口激減がいわれている。

しかし日本は、ユーラシア大陸や環太平洋の島国、アメリカ大陸等からも移民としての渡来民がいる。つまり「世界中からの移住の終着点」の一つになっているのである。

日本人の顔や体形を、日本人以外の人が見ると、「あの人は何系で、その人たちとそっくりである」といわれたりする。石器人、縄文人を含めて、日本人の多くが世界中からの渡来民であることがわかる。

ドイツ人の医師ベルツは『日本人の身体特性』で、日本人には長州型と薩摩型があるといった。長州型は、華奢な体つき、高頭、幅広い顔と鼻などを特徴とし、上流階級によくみられる。もう一つは薩摩型で、ずんぐりした顔、低い鼻などを特徴とし、西郷隆盛を連想させ、庶民階級に多い。

さらに日本人は、アイヌ系、北方蒙古系、南方蒙古系がある。そのうちアイヌ系は北日本にだけ分布し、北方蒙古系は朝鮮を経て、本州の西南部に上陸し、南方蒙古系は南方から九州へと上陸した。その後、両者はともに本州いっぱいに広がったとベルツはいう。

もうひとつ大事なことは、戦争や武力で土地を移動する場合には、男性が圧倒的に多く、勝利した土地の女性との混血が多くなるということである。オリエントや中国は常に戦乱があり、その度に混血が増えるので、数百年もたつと、民族名は同じでも混血の人が増え、千年、数千年もたつと、ほとんどの人が混血になってしまうことが多い。われわれ日本民族も多くの民族の混血の人が多いのである。

2　ツラン文明から発したシュメールと日本

人類の文明は、何度かの大地震や大津波による大災害による壊滅を経験してきた。氷期が間氷期に変わる際の海面上昇（約一五〇メートル）もそうで、低地帯はすべて陸から海へと変わってしまう。さらに極地の変化や地球の周囲の星の変化、地軸の変化などによって、大規模災害はさらに増加したであろう。このことの繰り返しが地球の歴史であった。

日本も低地に住む農民や漁民は、かれらの土地の海没とともに、ごく少数の「石器人」や「縄文人」しか残らず、大多数は海に没したに違いない。

そのとき生き残った人は、むしろ非農耕民、すなわち山で暮らしていた人たちの方が多かったであろう。日本の「カタカムナ人」はまさにその「山の民」らしく、楢崎皐月が神戸の六甲山中で出合い、カタカムナの神主と称して巻物を複写させた平十字は完全に山の住人であった。新たな低地となった丘陵で、残った人類は生活のやり直しをはじめたのである。

カタカムナがいう「カム」や「アマウツシ」「アマカエシ（還元）」「現象」と「潜象」が万物の基本、相似象であるというような発想は、現代最先端の学者たちにはなじまない発想である。

たとえば量子力学では、すべての現象は「不確定性」と「確率性」をもって現象しているというが、カタカムナは、「現象、見える世界」と「潜象、見えない世界」は「メビウスの環」のように「相似象」で、常に現象の大元は「潜象」であり、潜象に潜在している「鋳型」は、鏡に映した鏡像のように、左右逆である（ということは、左右の渦の接点で反転することを意味し、「潜象・鏡像」と全く同じパターン・姿で相似象として現象する)。

ここには「不確定性」も「確率性」も全く存在しない。「フラクタル」や「黄金比」(1：1・618)のように、大きいものも小さいものも、全く同型のパターン、相似象として潜象界から現象界にあらわれる。だから現象の方へ完全に同じ型の(現象でなく)潜象の波動を与える(すると共鳴、同調する)と、±0になって消滅することにもなる。この原理は、核物質を消滅させる場合も、ゴミのような物体を消滅させるときも、すべてに応用可能となる。悪用すると、強力なエネルギー発生による大破壊となる。

この叡智は、古代最高の叡智シュメール、ラテン語では〝スメル〟(日本のスメラミコトと関係あり)と呼ばれる文明のものだ。なにしろ二大河の集まる湿地帯で、不毛であったその地に、他にはない世界最高の高度な文化をもつ大文明を、今から五千五百年前(前三五〇〇年)ころに都市文明として創造したのである。

しかしメソポタミアにおけるシュメール国の寿命は予想よりはるかに短く、今から五千五百年前から四千年前(前二〇〇〇年)くらいで、周囲のセム系民族から攻撃を加えられて滅亡してしまった。

この五千五百年前から四千年前までの千五百年間を物差しとして、日本やその他の国の同時代史を見ることにしよう。

日本にシュメール人がはじめて来日したのは、シュメール建国前にあたる六千五百年前である。船で他の民族と一緒に渡来した。日本で発見された数百個の岩刻文字（ペトログラフ）の八五％ほどがシュメール文字の刻印である。シュメール人のメソポタミア上陸前から、多数のシュメール人が日本を訪問していたことになる。当然、シュメールと日本とは国家誕生から消滅（前二〇〇〇年頃）まで関係していたわけだ。言語上では「ウラル・アルタイ系」の膠着語で共通しているので、大昔は同じ民族だった可能性すらある。

シュメールというメソポタミアの国は滅びたが、彼らは根が海洋民族だったので、南太平洋から南北アメリカへ、インドからマレー、ベトナム、中国、満州、朝鮮を経て日本に来ているし、あるいはアジア内陸のシルクロード経由でも、前記の国々のうち中国・満州から日本へやってきている。

なお約六千五百年前には、タイの奥地バンチェンに、シュメール人はアラビア海の海人やアジアの民とともに集まって、「バンチェン文明」をシュメール文明より少し前に打ち立てている。そこから陶器を中国や日本に伝えたという。また、青銅器文明もオリエントより早く成立させていた。海の方からメソポタミアへ入ってきた謎のシュメール人というのは、実はバンチェン→インドを通って、アラビア湾から「人頭魚身のオアンネス」が、昼の間（夜は海中へ帰るという）、そこの住民にあらゆるシュメール発の文明を教え、壮大な都市国家をつくったのである。

これをみても、シュメール人は、メソポタミアには固執せず、滅亡後も直ちに全世界に向けて海を渡り、世界中に彼らの海洋民文化を教えたり、伝えたりしたことがわかる。

シュメール人の故郷は、中国奥地のタクラマカン砂漠のオアシス・コタン（ホータン）だ

◇ツラン民族

- 一、ツングース民族（シベリア・ツングース、満州ツングース、モンゴル・ツングース、黄河ツングース、日本朝鮮ツングース）
- 二、モンゴル民族
- 三、トルコ・ダッタン民族
  - 東トルコ族（ヤクート他）
  - 西トルコ族（キルギス、西シベリア、タタール他）
  - 中亜トルコ族（ウズベク他）
  - 南トルコ族（トルコマン、オスマントルコ、クリム・タタール、コーカサス・タタール他）
- 四、フインランド族
- 五、サモエード族

今岡十一郎『ツラン民族圏』より

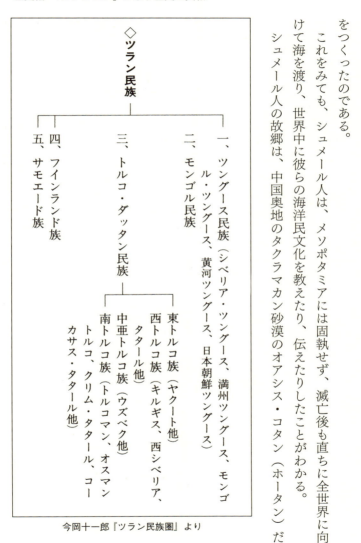

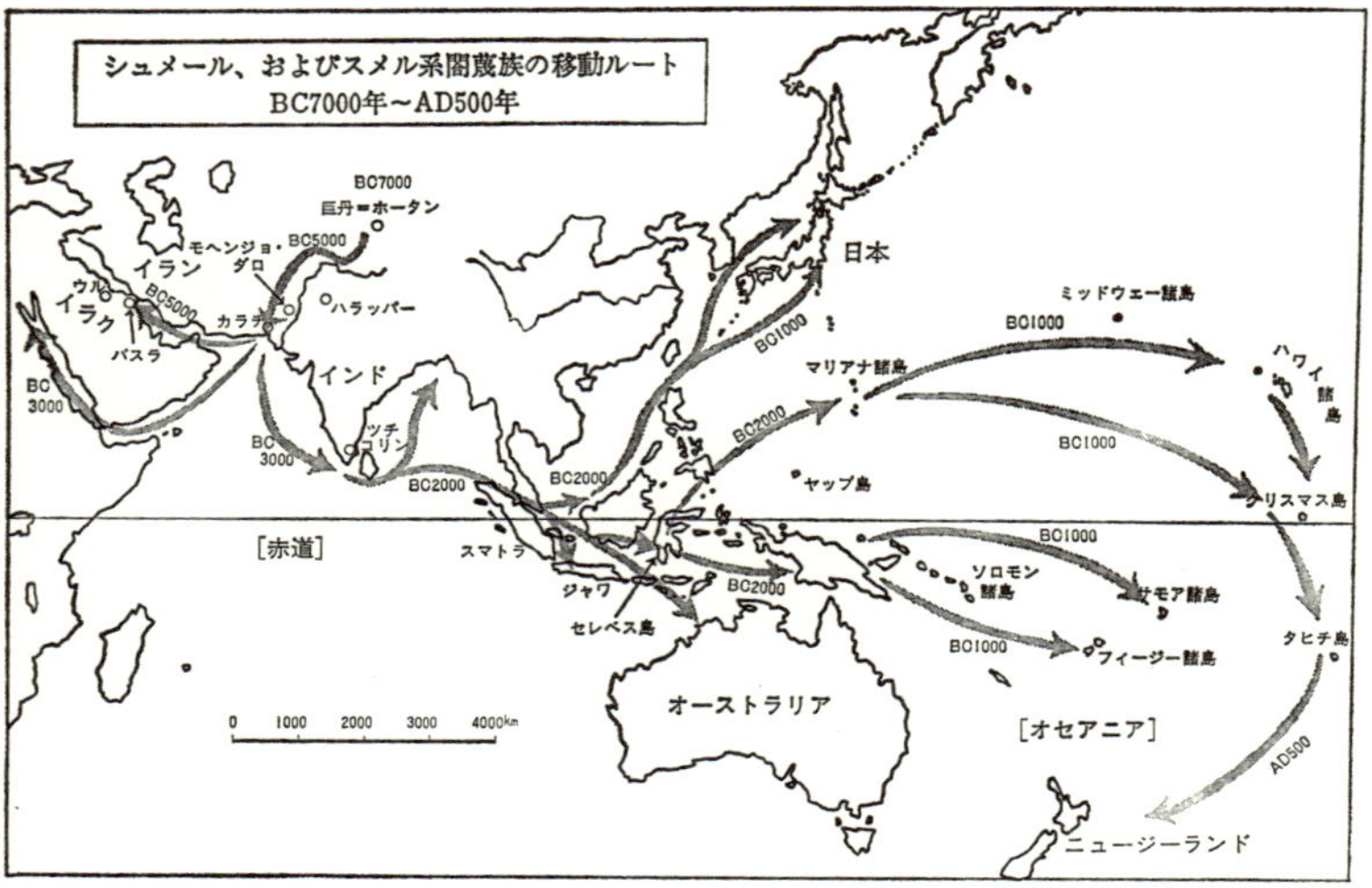

岩田明『十六菊花紋の謎』より

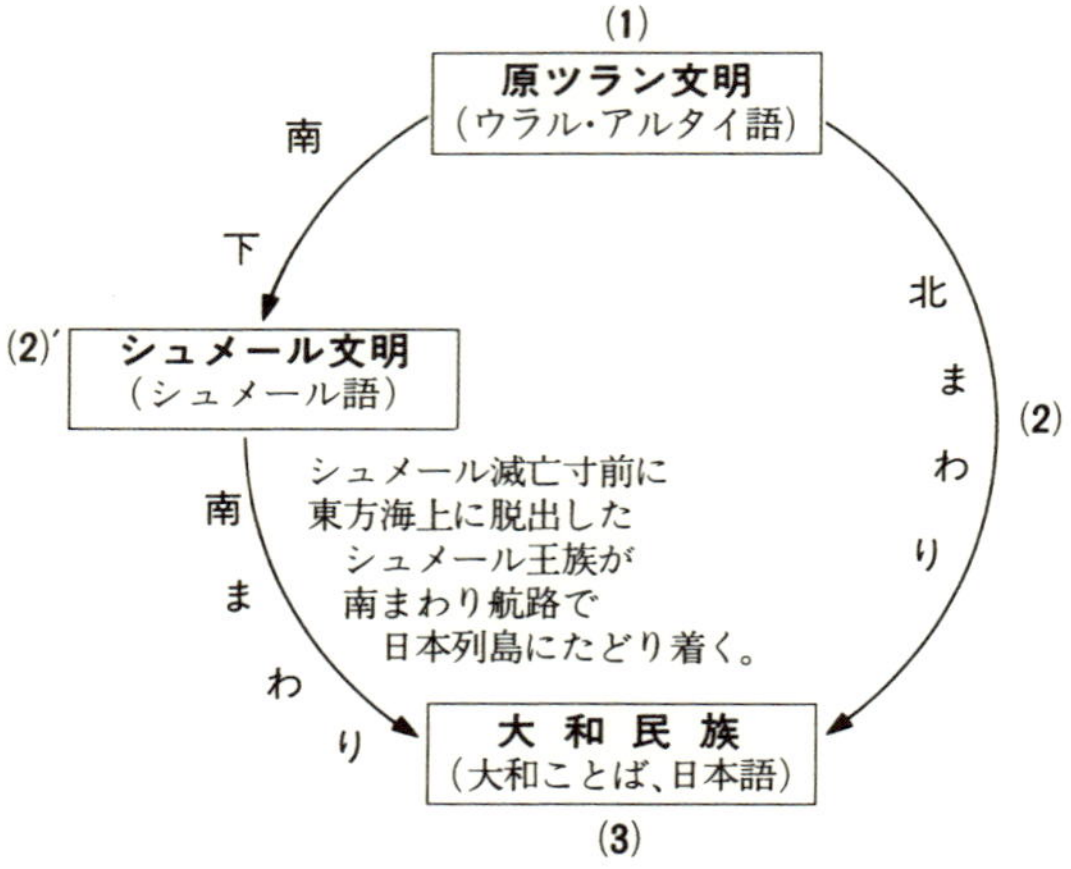

ツラン文明の日本への伝搬の方向
太田竜『古代シュメールは日本に封印された』より

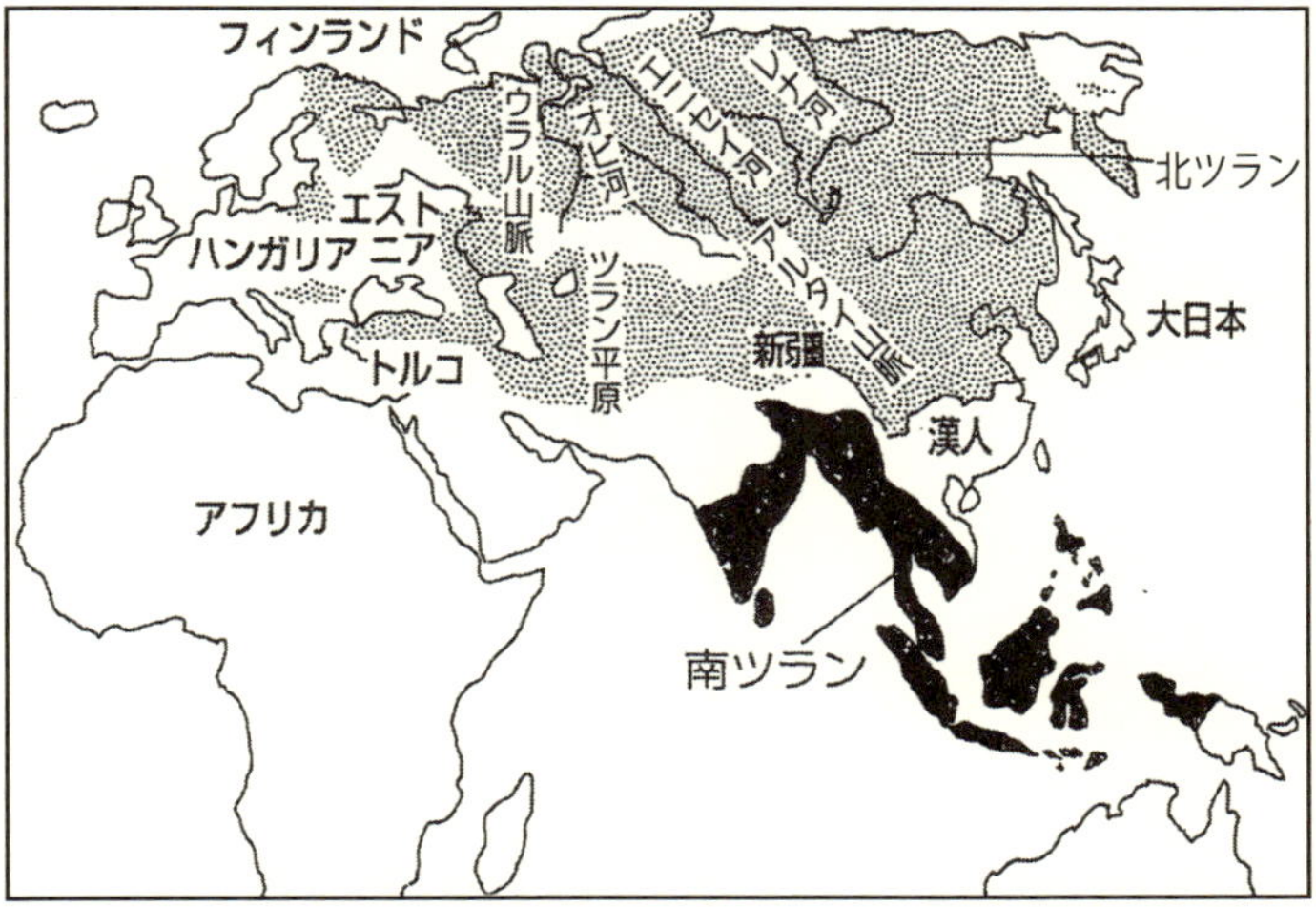

マックス・ミュルラーによる広義におけるツラン民族の２大分類図

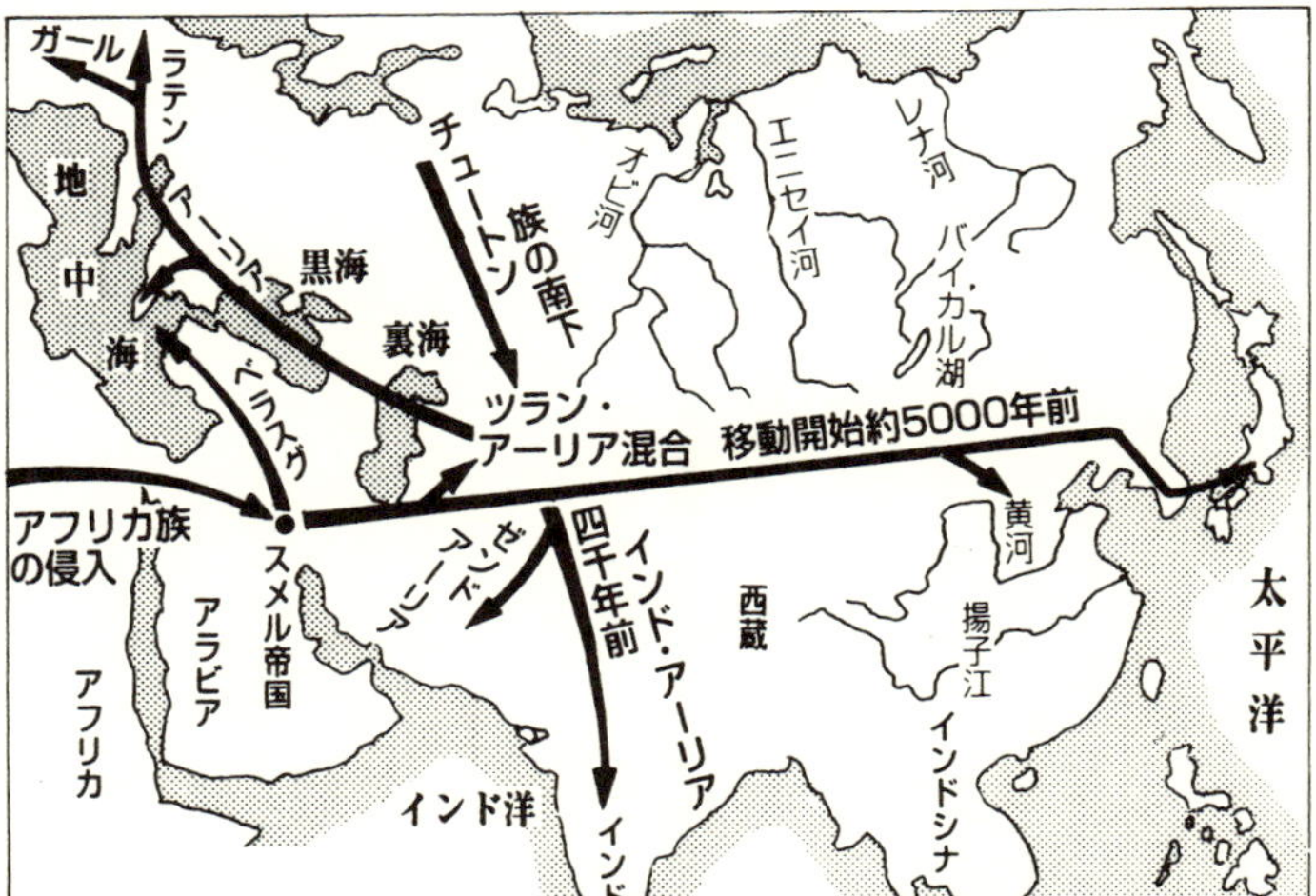

ツラン・シュメール文化の伝播図
今岡十一郎『ツラン民族圏』より

といわれている。しかしさらに以前は、コタンからパミール高原を越えた中央アジアの「ツラン」を故郷としていた。今もカザフスタン南東にツラン平原の名がある。ここはアラル海の東、パミール高原までの平原である。一万年以上前の大異変を生き残り、ムー文明の人々がここに新しい文化を築いた。最近はツランの名を聞かないが、日本では昭和一七年に、今岡十一郎『ツラン民族圏』で紹介されており、ハンガリー等では、今でもこのことがいわれている。

地球には気候や自然の異変が何回も起こったが、その後、ツランから民族が分かれて住み、東へ行ったのが日本人、西へ行ったのがハンガリー人とフィンランド人、南西へ行ったのがシュメール人といわれている。

シュメール人は、次にコタン（中国タクラマカン砂漠のオアシス都市・ホータン）へ行き、それからタイ奥地のバンチェン（メコン川上流）で文化を咲かせ、それからメソポタミアへ行き、人類最古といわれるシュメール文化を打ち立てたのだという。このシュメール建国は五千数百年前のことである。

シュメール人は今まで謎の民族といわれ、コタンが故郷であるといういい伝えはあったが、消息がよくわからなかった。これをいろいろな歴史の断片からつなぎ合わせ、空白を埋める

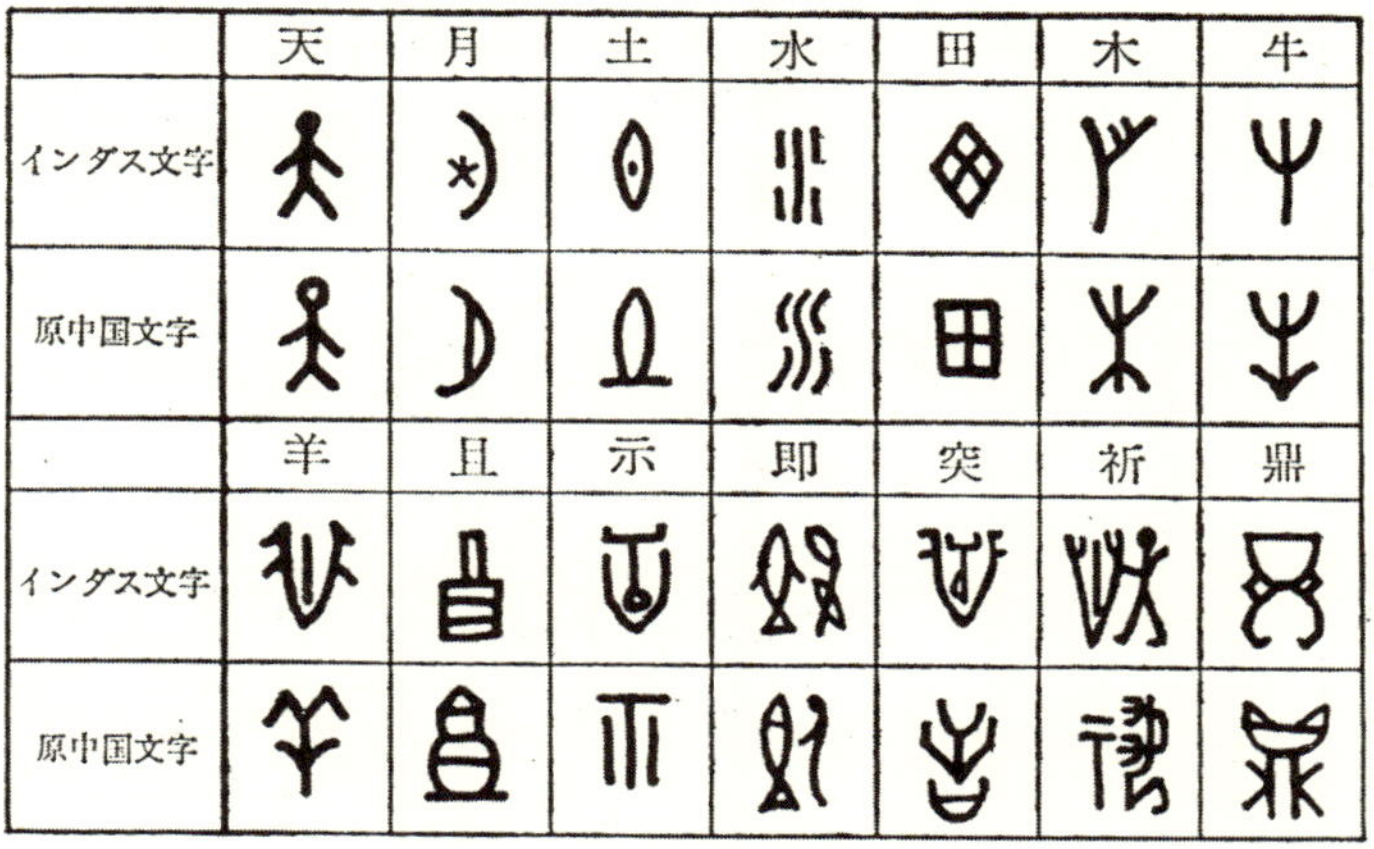

インダス文字と古代中国文字
鹿島昇『バンチェン／倭人のルーツ』より

ことができた。

すなわち、以下のとおりである。

ツランの地はユーラシア大陸の中心、心臓部ともいうべきところで、地政学では「ハートランド」といい、ここを征する者は地球を制するともいわれたところであった。だから一万年以上前の大異変にもビクともしなかった。私はこのツランにムー大陸の叡智を保存した民族が集まり、絶滅したムー文明の精華を守ったのだろうと推理している。

そしてツラン→コタン→バンチェンと移って文化の華を咲かせ、今から五千年以上前にメソポタミアに上陸し、世界最古の大文明を築いたのである。シュメール文字は世界最古の文字で、実は中国の殷の甲骨文や漢字にもその影響がある。

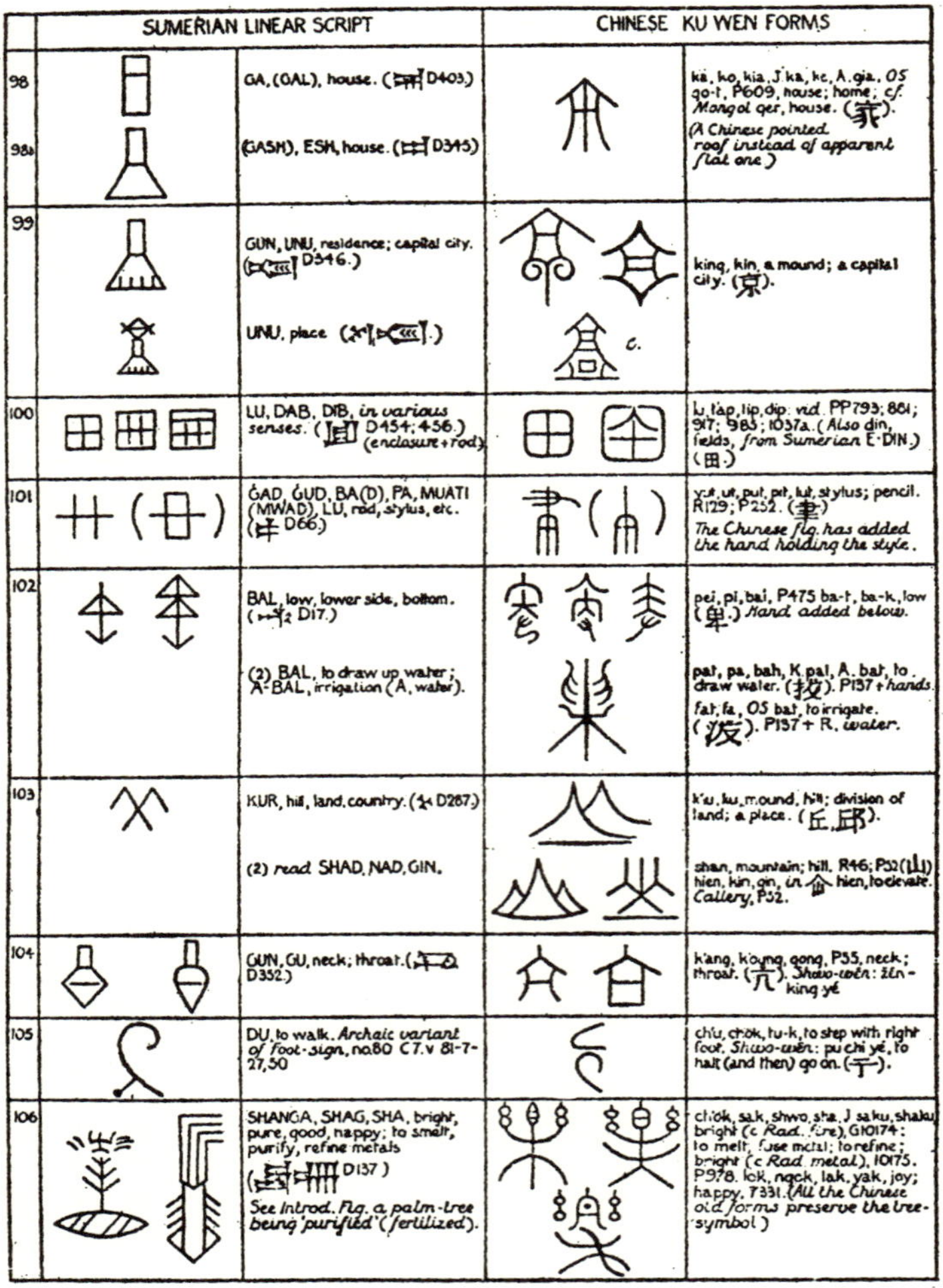

	SUMERIAN LINEAR SCRIPT		CHINESE KU WEN FORMS	
98 98a		GA, (GAL), house. (D403.) (GASH), ESH, house. (D345)		ka, ho, kia, J. ka, ke, A. gia, OS go-t, P609, house; home; *cf. Mongol qer*, house. (家). *(A Chinese pointed roof instead of apparent flat one)*
99		GUN, UNU, residence; capital city. (D346.) UNU, place (.)	c.	king, kin, a mound; a capital city. (京).
100		LU, DAB, DIB, *in various senses.* (D454; 456.) (enclosure + rod)		lu, tap, lip, dip: *vid.* PP793; 881; 917; 983; 1037a. (*Also* din, fields, *from Sumerian* E·DIN.) (田.)
101		GAD, GUD, BA(D), PA, MUATI (MWAD), LU, rod, stylus, etc. (D66.)		y-t, ut, put, pit, lut, stylus; pencil. R129; P252. (聿) *The Chinese fig. has added the hand holding the style.*
102		BAL, low, lower side, bottom. (D17.) (2) BAL, to draw up water; A-BAL, irrigation (A, water).		pei, pi, bai, P475 ba-t, ba-k, low (卑.) *Hand added below.* pat, pa, bah, K. pal, A. bat, to draw water. (拔). P137 + *hands.* fat, fa, OS bat, to irrigate. (泼). P137 + R. *water.*
103		KUR, hill, land, country. (D287.) (2) *read* SHAD, NAD, GIN.		k'u, ku, mound, hill; division of land; a place. (丘, 邱). shan, mountain; hill. R46; P52 (山) hien, kin, gin, *in* 僉 hien, to elevate. *Callery*, P52.
104		GUN, GU, neck; throat. (D352.)		k'ang, k'oung, gong, P55, neck; throat. (亢). *Shuo-wên*: žin-king yé
105		DU, to walk. *Archaic variant of foot-sign*, no. 80 C7. v 81-7-27, 50		ch'u, ch'ok, tu-k, to step with right foot. *Shuo-wên*: pu chi yé, to halt (and then) go on. (亍).
106		SHANGA, SHAG, SHA, bright, pure, good, happy; to smelt, purify, refine metals (D137) *See Introd. Fig. a palm-tree being 'purified' (fertilized).*		ch'ok, sak, shwo, sha, J. saku, shaku bright (c *Rad. fire*), G10174: to melt, fuse metal; to refine; bright (c *Rad. metal*), 10175. P978. lok, ngok, lak, yak, joy; happy. T331. (*All the Chinese old forms preserve the tree-symbol*)

文字比較表

鹿島曻『バンチェン／倭人のルーツ』より

それから一千五百年以上（約四千年前まで）シュメール文化を花咲かせたが、山地から出てきたセム族のアッカドのサルゴンによって滅ぼされてしまった。

以後は海洋民族となって、環太平洋から南北アメリカ、シルクロード、インド洋からマレー、そして終着駅・日本へと、シュメール文化は、アラビア海の海人や航海民族フェニキア人らとともに拡散したのである。

日本人のルーツである倭人は二つのコースで日本へやってきた。

①陸のシルクロード経由で中央アジア↓中国↓満州↓朝鮮経由でやってきた人々。

②海のシルクロード、シュメール↓インド↓マレー↓インドシナ半島↓中国↓満州↓朝鮮からやってきた人々。

①と②の倭人が「北倭」である。

③マレーから今のインドネシア（特に基地はボルネオ島・カリマンタン島）経由で直接日本の九州に上陸した海からの人々。

③に属する倭人を「南倭」といった。（鹿島昇《のぼる》説）

3　倭人も渡来民族だった

ここまで書くと、倭人というのは、日本自生の民族（これは縄文人、石器人の子孫だけ）ではなく、メソポタミアからシュメール人やフェニキア人、エブス人（ユダヤ人の前の住人）等とともに、陸と海のシルクロードを通って日本へ渡来した人々であることがわかるだろう。日本人には存在するが、韓国人や中国人には皆無（ゼロ）なのが、「ＡＴＬ」（成人Ｔ細胞白血病）のウイルス分布である。これは中・韓民族と日本人とが全く異なるという実証的な理由になっている。

ＡＴＬが多発する地域には、ＡＴＬウイルス保持者が高い割合で存在する。今から一万年ほど前までは、人類はみなもっていたらしい。これらの人々は「古モンゴロイド」といい、寒冷適応がなされていない。中央アジアから大災害ののち移動をはじめた際、アフリカへはネグロイド（黒人）が、ヨーロッパへはユーカロイド（白人）が、東アジアへはモンゴロイド（黄色人種）が移動していった。その古モンゴロイドが日本の先住民である。

その後に日本にやってきたモンゴロイドは新モンゴロイドであり、寒冷適応がなされている。従ってＡＴＬウイルス保持者はこれらの人には全くいない。

日本人と同じＡＴＬウイルス保持者はアフリカ黒人だけだという。民族の移動に続く戦乱での死者の多さ（中国の後漢では人口が十分の一に激減した。大陸では他も同様であろう）や、多くおこなわれた混血等が理由で、今から数千年前のＡＴＬウイルス保持者は、ほとんど日本とアフリカに局限されてしまったのであろう。

だから、日本人にＡＴＬウイルス保持者が存在し、現在の中国人や朝鮮人にＡＴＬ保持者がいなくても、かつては同じ仲間（昔は、倭人という語は海から九州に到着した「南倭」がつくった東表国のことをいい、日本と南朝鮮を支配し、金官加羅人だといわれていた）である。これは、はるばるシュメールから陸や海のシルクロードを越えて日本や朝鮮にまで移民が行なわれたことを意味する。五千五百年から四千年前には、ともにシュメールにいたのである。

ＡＴＬウイルス保持者は、アジアでは古モンゴロイド系の日本人だけである。日本の中央部では少なく（当然、移民は新モンゴロイドのアジア系民族）、九州沖縄に多く、紀伊半島や四国南部にも存在する。アイヌのＡＴＬウイルス保持率は特に高い。一般に都市に少なく、僻地に多い。だから日本人全体での割合は低い。日本は戦乱で国民の九割が死亡するというようなことがなかったので、今日まで保存されたのだ。

また、『北史』が記す如く、大和地方には「秦王国」があった。秦王国はまた別倭、伊倭、日の本などといい、京都の太秦の秦氏はその子孫である。紀元後六七〇年、倭国と秦王国は、白村江の敗戦後、国号を日本と改めた。

白村江時代まででいう倭国（東表国）とは、東アジア最大の製鉄基地で、ソロモンのタルシシ船の人々が南海から九州・大分の国東半島に前七七〇年に建国した「東表国」または「豊日国」である。南朝鮮の接地支配の金官加羅があった。王にはタルシシ船長が選ばれ、エビス王家のクルタシロス一世が王となった。ヒッタイト（製鉄の世界の本家）フルリ人の蛇トーテム（蛇神）を表すのが「トウビョウ」という国名の由来である。宇佐八幡はヒッタイトの旧都・ハットウサを模している。

一九七七年九月二三日の朝日新聞による報道「縄文時代の製鉄遺跡」によれば、鉄剣とともに前六九五年＋－四〇年の木炭を発見し、縄文時代における鉄文化の存在という考古学界の定説を覆した事件が発生した。これは九州大学工学部の坂田武彦教授が、大分県国東半島の重藤遺跡から発見したものである。

重藤遺跡から発見された鉄剣は、同時に採取した木炭を九州大学で測定した結果、紀元前六九五年＋－四〇年という、縄文時代後期の数値が出た。

さらに二〇〇三年五月二日、朝日新聞は、「弥生時代のはじまりは、紀元前一〇〇〇年頃くらいか、教科書修正論議も」という記事を出した。

国立歴史民俗博物館（佐倉）は一九日、水田耕作が日本に伝わった弥生時代のはじまりは定説より五〇〇年早い紀元前一〇〇〇年頃と特定する研究を発表した。北部九州などから出土した試料を最新の放射性炭素の年代測定法で分析し、結論づけた。その結果、稲作伝来の時期は、中国の殷から西周にかけてとなり、戦国時代（前五〜三世紀）のころ、朝鮮半島を経て伝わったとみる従来の通説は大幅な修正を迫られることになる。

これら重藤の製鉄や、弥生時代五〇〇年前説は、アカデミズムやマスコミでは、その後一回も報じないままお蔵入りしてしまった。

同じようなお蔵入りはほかにもあって、人間に眼が二つある理由は「ラムダ波」という眼力のパワーであるという記事が一九七〇年代の終わりに新聞に出たが、これも一回限りで世の中から消えてしまった。

鹿島曻が「紅海を基地とするタルシシ船の移民たちが、タイのバンチェンに製鉄基地を構え、その地の木材を取り尽くしたので、九州の国東半島に製鉄基地を移した」と明言したのは、朝日新聞の掲載より二〇年も早い一九五七年のことである。

4　日中韓の創世の歴史手法はすべて同じである

日本の歴史のはじめは、神武天皇即位の年を日本の紀元としている。神武天皇は西暦前六六〇年にあたる辛酉年（かのととりのとし）に即位し、前五八五年に一二七歳で死去ということになっている。

これに対して、韓国は四五〇〇年の歴史（檀君神話）、中国は五〇〇〇年の歴史（黄帝神話）といわれている。日本は二〇一五年現在でみると二〇七六年で、中国や朝鮮の半分前後の短さである。

中国神話でいう創世の時期は、オリエントでは、シュメール帝国がすでに五〇〇〇年近く経ち、エジプトでは前二七〇〇年から前二五〇〇年代には、さかんにピラミッドがつくられていた。

『古事記』に「偽をけずり、実を定める」ために「旧辞、本辞、帝紀等を撰録（他を抹殺した）」とある。『日本書紀』には「一書」なるものが二〇〇以上あり、これも『古事記』と同じ趣旨で大部分を取捨選択・抹殺している。

中国の秦の始皇帝は、前二一三年、「焚書坑儒」をおこない、始皇帝以前の歴史書をすべて抹殺し、儒者（と同時に歴史学者）を生き埋めにして抹殺した。その理由は『古事記』『日本書紀』と全く同じ理由だった。自分たち以前の歴史を（大部分、特に神話を別にして）ほとんど抹殺した。日本では、いわゆる多くの「神代文字」（「カタカムナ」文字もその一つ）といわれる文字もろとも、「偽史である」という名目の下、文字も歴史も抹殺してしまったのである。

中国では王朝が変わると住民も変わる。前王朝の住民は一割（から三割程度）に減るということも含めて、新王朝の新歴史が公表される。もちろん新王朝に都合のよい記述だけで占められている。

日本では焚書による過去の歴史抹殺は「記紀」のときが最大であったが、北畠親房『神皇正統記』に「桓武の御代に焚書ありて」とあるように、その他にも何回か細かい修正（焚書）があって現在に至っているのである。

朝鮮でも他国と同様、はじめに「檀君神話」が書かれたが、新羅、高麗、李氏朝鮮と政権が打倒されるたびに、新政権による自分の都合のよい書き直しがおこなわれてきた。

神話の中には多少は真実が含まれているかもしれないが、東アジアの歴史の神話は、当時の世界最高文化をもつシュメール（オリエント）神話が種本である場合が多い。紀元前の自国の歴史がないか、あっても抹殺されてしまった国や民族の歴史は、歴史だけでなく、文化が発展・整備されていたシュメールの神話を種本にし、場所や人物の地名や人名をシュメールの歴史を借りる（借史）形で、表現方法をさまざまに変えて自国の歴史として語ったのである。

結論としていえることは、近くの国にだけ眼を向けてみると、かつて東アジアには、日鮮同祖、日中同祖という時代があった。そこからさかのぼると、陸のシルクロード経由（北倭）は、中央アジア諸国からシュメールへ行き着く。海のシルクロード経由（南倭）でも、華南からベトナム、マレー、タイ、インドから、最後は海路オリエントのシュメールの地へつながっている。

逆にみると、日本人の祖先の一部は（これが倭人でもある）、シュメールから、陸路、海路を通って、北倭は主として朝鮮半島から、南倭は南からの海路によって、日本（九州）に到達している。

しかも縄文時代には、世界一古い縄文土器をたずさえて、日本から、タイ奥地の当時（六千五百年以上前）の最大の文明地域であった「バンチェン」へ行き、さらにバンチェン→インド→シュメールの地へ行った。今度はUターンして、四千年前にシュメールが滅びた後に、シルクロードから、あるいはシュメール人が移住した環太平洋の島々や北・南アメリカから島伝いに日本に帰還した人たちもいるであろう。

このように日本は、東アジアの終着駅であるとともに、世界中の民族との交流の最終地点でもあるのである。

これが私のいう「シュメール往復史観」及び「環太平洋往復史観」である。超古代から日本民族は、世界中の主な民族のところへ「行ったり、帰ったりしている」のだ。

5　日本とシュメールの接点としてのバンチェン文明

今の東南アジアの島々からなるスンダ大陸と日本は、ユーラシア大陸と陸続きであった。縄文土器は一万二千年から一万四千年前の日本の土器が世界最古である。西アジアでは、一万年を切るくらいのものが最古だといわれている。縄文土器は、ムー（スンダ）大陸の海没で、原始からやり直した新文明の出発点である。かつては文明の最先端が日本だった時期があったわけだ。

その後の時代、紀元前四千年ころ（六千年前）のムー文明の後継者については、タイ北東部の北部コラート高原一帯に展開したおびただしい遺跡が物語っている。この遺跡の、幾重にもなった地層から、陶器や青銅器、低地の稲作跡などが発見されたのである。これはタイ芸術局とペンシルベニア大学と鹿島昇の一九六七年の共同調査によって明らかになった。

ここから出土する土器は、黒色で刻文による渦巻文のあるものから、次に幾何学文を刻んだ上に彩色をしたものに移り、さらに刻文なしの彩文となり赤色のみのものへと変化している。

幾何学文を刻んだ上に彩色した有刻彩文の時期に鉄が導入されたので、バンチェン陶とよばれる彩文土器の登場と鉄器時代は同時代のことだといわれている。この層の土器は紀元前一六〇〇～一二〇〇年、鉄は紀元前一二〇〇～七〇〇年代のものであると報告されている。

また、鉄の前の青銅文化は紀元前三六〇〇年に遡り、ラオスの錫とタイ北東部の銅との合金である。これに対し中東では、合金としての青銅は、イラクのテペ・ヤヒヤでは前二五〇〇年（バンチェンより一千年以上新しい）のもので、銅と錫の合金ではなく、銅とアンティモニー等の合金である。

このバンチェンこそが、スンダ大陸が氷期の終わり（一万二千年位前）に海没したのち、ムー文明の精髄を受けついで、東アジア（中国と日本）やオリエント（シュメール）の橋渡しをした、従来の世界史では語られない、ツランに次ぐ未知の中継基地であったのだ。

シュメール人は、オリエントの先住者の神話では、どこだかわからないが海からやって来た人頭魚身の「オアンネス」で、昼は上陸して住民に種々の文化を教え、夜になると海へ消えるという。海からきた先進民族だというのである。

鹿島曻は、バンチェンの黒陶土器は前三六〇〇年ころのものだが、その形状と文様の類似によって、これが周代の青銅器のルーツである、という。中国のヤンシャオ（仰韶）の彩陶文化圏は、タイ南部からマレー半島に至る三足土器文化とも、メコン川上流のバンチェン文化ともインダス文化ともつながっているのである。

そうだとすると、「ムー文明の後身であるバンチェン」から「母なる国ムーの知識の伝道団」として、西へ向かい、ビルマからインドのデカン高原へ、さらにメソポタミア（バビロニア）やエジプトへと移動してその知識を伝えたのが、シュメール人＝バンチェン人だということになる。また東へは中国、日本へも伝えたり、移住したりした。

おそらくこのムーの叡智が、ツラン文明の精華として日本へ伝わり、日本の山の民の一部族が巻物にして大事にしていたものがカタカムナ文明であろう。これを楢崎皐月は平十字を通じて学んだのだ。

そしてカタカムナ人は、ムー民族の子孫であるシュメール人、バンチェン人と同族で、おそらくムー＝スンダ大陸と陸続きであったころの日本でムーの教えを守った一族であったのではないか。

中国の河南省安陽県で殷墟が発見された。ここの陶器にはトーテツ文がある。これがバンチェンの彩陶の渦巻文を継承するものであり、多くの文物遺跡が発見された。しかし殷王の墓も、この後の周王の墓も一つとして中国大陸では発見されていない。

これは、中国では神話の黄帝から夏、殷、周と王朝が続いたとされるものの、すべてオリエントの王朝の「借史」であったことを示すと鹿島昇はいう。中国の正史は司馬遷の『史記』であるが、これはシュメールをはじめとするオリエントの王朝史を借りて、中国の各時代の王を漢字の中国の王として創作した一種の文学作品に過ぎないという。鹿島はオリエントと中国の王との対照表をつくり、すべての復元に成功している。

つまり、中国史は秦・漢からが本当の歴史である。中国の本当の歴史は、前二二一年、秦王政が中国を統一して秦帝国を建て、泰山で即位式をおこなった始皇帝にはじまる。しかし、これもモンゴロイドとしての漢民族の皇帝ではなく（その最初の王朝は漢）、始皇帝とは、ペルシアとも関係のあるバクトリア（大夏国あるいは大秦国。始皇帝の本国）のディオドトスのことであるという。彼自ら精強なペルシア軍団（兵馬俑の軍隊のモデルはすべてペルシア軍人）を率いて中国に至り、秦王政として諸国制覇に乗り出し、秦の始皇帝になったのである。

大秦の上につく「大」のある国は、中国では「本国」（すなわちバクトリア）の意味なので、秦はそのバクトリアの植民地であったことになる。その意味で、秦の次の漢は、中国ではじめて外来者以外の、現地の人々による真の中国住民による政権だということができる（もちろん植民地などではなく）。

前二一二年に出された「焚書令」とは、秦以前の記録や史書をすべて焼き、この世から消し去ることであった。諸侯の記録はもとより、民間にある詩や書、百家の語録などをすべて回収し、ことごとく過去の文化遺産や歴史をすべて抹殺してしまったのである。

焚書令の翌年に坑儒事件が起こり、この法に触れたという罪で、儒学者や歴史家たち四六〇人余りが首都で生き埋めにされた。「秦本紀」には、秦の先祖は「黄帝より出で……」となっていて、秦という国が、連綿とこの中国の地に存在したように書いている。それが本当ならば、どうして中国の秦以前の古代からの歴史を抹殺する必要があっただろうか。

兵馬俑で発見された兵士は、明らかに実寸大である。漢民族より長身で、その顔付きもオリエント的であり、どうみても中国人とは異なっている。しかもペルシアの戦士が着けた「桂甲」とまったく同じものを着用している。その乗馬は耳の付け根を結んでおり、ペルシア兵そのものである。

始皇帝は天下を分けて三六都とし、都ごとに、宋（行政官）、尉（武官）、監（監察官）を置いた（始皇帝本紀）。

これは西アジアの大帝国となったペルシアが、国土をサラトップという領土に分割し、そこに太守、軍司令官、監視官を置き、それぞれ独立した権限をもって中央に直属した「サラトップ制」にそっくりで、それまで中国では見られない制度であった。

また、ペルシアで王君の遊戯である狩猟を目的とした「パラディス」という園を秦にも設けた。この園は土壁で囲まれ、そこへ獲物を放ち、それをハンティングするものであった。

また、宮廷では最高の臣にさえ直接姿を見せず、臣下は王への接近はもちろん、正視することも許されず、両者の間に垂れ幕が下がっていて、王の姿が遮られていたことも、ペルシア式であった。

そうだとすると、秦は中国自生の王朝であるというよりも、ペルシアに近い。アレキサンダーがその死により、ペルシアの近くの中央アジアに放置した、ギリシア軍の精鋭によるバクトリア（すなわちペルシア）と秦に、直接の関係（実は同じものである）があったことは十分に納得できるであろう。

日本史、朝鮮史は、オリエント史の書き替えはなく、前の王朝の歴史の焚書や全否定により、紀元後の最も新しい支配者によってつくられた王朝公認の歴史以外は存在しない。神話時代から出発しているのも共通である。日本の場合は、それが『古事記』『日本書紀』である。

自分たちのつくった歴史以外は認めないので、それ以前は「神話時代」とならざるをえない。だが、その神話もルーツまで行くと、やはりシュメールやオリエントの神話や歴史に辿り着く。人類の神話もそうで、オリエント神話がいろいろな形で出てくるのである。大陸（中国やオリエント）などでは、勝者が入れ替わりにその地を支配し、敗者は殺されたり奴隷にされたり、民族で他の地へ移動したりして、ほとんどの人は入れ替わってしまう。

人類の渡来とか移動というのは、その裏に必ず勝者と敗者との大移動または人口の急減がみられるものである。しかも戦いがすめば普段とは桁違いな混血（勝者の男と敗者の女との）が行なわれる。とくに大きな王朝の滅亡のときは、よりこれらが顕著になる。したがって、大昔からの純粋の自生民族などは、ほとんどいないのである。

6　秦以前の中国王朝の正体

孔子は弟子に「一〇代先の王朝のことはわかるでしょうか」と問われて、次のように答えている。

「殷王朝はその前の夏の制度を受けつぎ、何を廃止し、何を加えたかが判る。周王朝も殷王朝の制度を受けついでいる。ここでも両者を比較すれば、その異同は明らかになる。だから周のことを受けつぐものがあっても、一〇〇代までもだいたいの予測はつく」

この主張は「歴史はくり返す」「五〇〇年で大変化が起こる（五百年大変説）」という仮説

で、当時の中国史はこのように考えられていた。「キリストはエリアの再来」といわれているが、鹿島氏は「史書の『魯世家』を解明すると、孔子のモデルはこの〝エリア〟なのである」といっている。

当時の歴史家は、予言とシミュレーションを欠かすことができなかった。すべての歴史書はそれに基づいていた。その方法のルーツはオリエントにあった。孔子もエリアだとするとユダヤ人であり、オリエントから中央アジアを通って移民として中国へやってきたことになる。

司馬遷の手法も全く同じであった。彼も歴史をよりどころとして、内政、外交、軍事にわたる政治の予言と批判をおこなった。司馬遷は彼の父・司馬談と同じく「太史公」という職業にあったが、この職業は歴史の記録だけでなく、天文観測、星占い、カレンダーをつくることも仕事であった。

星占い（予言）は「カルデアの知識」という古代バビロンで開発された技術である。歴史と星占いを同一人が行なったのである。おそらく司馬遷も孔子と同じオリエントの人で、当時の最新技術である星占いとオリエントの借史をおこなったのであろう。

カルデア人とフェニキア人は、貿易商であるとともに海賊でもあったので、掠奪の告白を残すのをはばかってか、自らの歴史を残さなかった。メソポタミアには楔形文字で残された歴史があったが、古代中国にはそのような歴史がなかった。だから司馬遷は、漢の王室から依頼された中国史を、彼の出身地オリエント史を翻訳し、翻案して中国らしく見せかけて、しかも中国固有の因果律として、たとえば「五百年大変説」等を駆使して『史記』を著したのである。

こうした、オリエント史を翻案して中国史とした人々は、中国に入ったイスラエルの「失われた一〇支族」であった。前七二二年、アッシリアの王であり、バビロンの王であったサルゴン二世は、北朝イスラエルの一〇支族を捕囚として連れさり、その後全くどこへ行ったかわからないといわれているが、実は中国へ入り（その後、日本へも入った）、中国で漢民族に同化したのである。

ユダヤ教は「どこへ行ってもユダヤ教だが、それを捨てた時点で、ユダヤ人ではなくなってしまう」ことになる。中国の開封にはユダヤ人移住地があったが、十八世紀になってユダヤ教を捨てた時点で彼らはユダヤ人ではなくなってしまったのである。

もともと儒教はジュウ、すなわちユダヤ人の教えであった。鹿島昇は、孔子と、孔子が活躍した魯とは「イスラエル」のことだといっている。儒教（ジュウ教）とは、ユダヤ人の教えだったのである。その「失われた十支族」の人々がオリエント史をたずさえ、中国に来て翻案し、漢訳して中国の歴史としたのである。ユダヤ系の人たちによって、秦漢の時代に、史料や史書がまとめられたのである。

春秋戦国時代の諸子百家の思想と、『旧約聖書』の思想とはあい通じている。孔子のいた魯の国の歴史はイスラエル史であった。『史記』をはじめとして、『春秋』や『呂氏春秋』などの中国史は、すべてその魯史を主軸にしてつくられている。

日本民族も漢民族も「そこに自生した単一民族国家だ」と主張している。しかし前述のように、後漢の戦乱ののち、中国の人口は十分の一になってしまった。これは外からの侵略者が、男のほとんどすべてを殺戮し、一部を北海道や沖縄へ（日本）、あるいは満州や南部や奥地へ追っ払ってしまい、女とは混血して、「擬似単一民族の国家」になったことを示している。

7　中国各王朝はオリエントの王朝に対応している

夏殷周秦漢すべての中国王朝の始祖は「黄帝」であり、その黄帝が「中国民族の始祖」ということになっている。

鹿島昇によれば、その黄帝の正体は「アッカドのサルゴン（前二三三一～二二七六）」である。メソポタミアには、紀元前二四〇〇年頃、ウンマという都市国家があり、南部のラガシュ、キシュなどの都市国家群を統一したが、まもなく北方の異民族の都市国家アッカドのサルゴン王によって滅ぼされてしまった。このサルゴンが黄帝と伝記的に全く同じ、同一人だという。

黄帝以前には「三皇」が存在した。

①蛇身人首の伏犠《ふっき》氏が王となり、様々な学問、文化を育てた。

②のちに同じく蛇身人首の女媧《じょか》氏が王になった。

③女媧氏が没して、人身牛首の神農《しんのう》氏がたった。民に耕作を教え、薬草を発見し、市を開き、物々交換を教えた。都を曲阜《きょくふ》に移して……およそ八代、五三〇〇年で軒轅《けんえん》氏（黄帝）が起こった。

オリエント史では、サルゴンより古い時代である前二九〇〇年頃、メソポタミアの地に大洪水があった。これを神官ズイウキド（モーセの別名）が復興したという。『旧約聖書』の「ノアの洪水」のルーツである。洪水のあと、ユーフラテス上流の都市国家キシュが覇権を握った。

前二六七五年、都市国家・ウルクのギルガメシュ（世界最古のシュメールの物語『ギルガメシュ』の実在の主人公）が覇権を握り、続いて前二五五〇年頃、ラガシュのルーガル・シャゲングルが覇権を握った。そして前二三三一年前、アッカドのサルゴンが黄帝として、メソポタミアに君臨したのである。
「三皇」の次、黄帝に次ぐ「五帝」はすべて黄帝の子孫で、
①黄帝（前二三三一〜二二七六）は「サルゴン」
②黄帝の次子昌意（少昊）（前二二七五〜二二六七）は「リムシュ」
③尭はマニシュトス（前二二六六〜二二五二）
④舜がナラムシン（前二二五一〜二二一五）
⑤商均（舜の子）がシャルカリシャッリ（二二一四〜二一九〇）である。
「五帝」＝「アッカド」は、前二一九〇年、シャルカリシャッリが死亡した後破壊され、前二一二〇年、ウルク王ウトヘガルが立って「世界四方の王」と称した。このウトヘガルが、次の夏王朝の始祖・禹である。鹿島昇が解説した『契丹北倭記』第二十一章に、「然りといえども禹は泜《う》なり。夏は繿《く》なり」とあるが、「う」とはウルク王ウトヘガルのことであり、「く」はウルクのことである。
では、文字ではなく現実の中国文化をみてみよう。前二五〇〇〜前二〇〇〇年ころに、黄河中流域の農耕文化に、彩色土器の「仰韶《ギョウショウ》文化」があった。これは中央アジアからシルクロードを経て流入した。（以上、鹿島昇説を参照）
次いで山東半島に始まった黒色土器の「竜山文化」があった。これは苗族《ミャオ》（日本に稲作

を伝えた）のもたらした文化であろう。タイのバンチェンの黒陶文化の影響があるらしい。ちなみに、バンチェンの黒陶文化につづく渦巻紋彩文陶器は、ヒッタイトの彩文陶器をルーツとしたクメール人のものらしい。倭人のルーツといわれる「ワ族」は、このクメールの分派である。倭人のルーツについては後でくわしく述べる。

さらに前一五〇〇年頃から黄河下流域に青銅器系の殷文化が興《おこ》るが、これもバンチェンから渡来したものであろう。殷周のトーテツ文様は、渦巻文様の変形で、タイのバンチェン遺跡にみられる渦巻紋彩土器の文様であった。この渦巻はバアル神（シュメールやメソポタミアでみられる主神としての天候神。全世界や日本でもみられ、スサノオなどはこの神と見立てられている）の臣下の雷神を表現するものである。ヒッタイトからも同じものが出土している。バンチェンの鉄文化は、タルシシ船に乗り込んだヒッタイト人がもたらしたものらしい。

このバンチェン人の中にシュメール人もいたようで、彼らはインドからメソポタミアに上陸し、オアンネスと呼ばれ、さまざまな学問・文化をオリエントにもたらした。人頭魚身で、太陽が沈むと海中へ消え去り、夜は深海で過ごすといわれた。のちにオアンネスに似た動物があらわれた。

オアンネスは、三皇のうちの伏犠に当たり、あとで再びあらわれたオアンネスに似た動物とは女媧氏である。この女媧氏が、ノアの洪水を治めたというジュウスドラまたはズイウギド（モーセの別名）のことであろう。そして海から上陸したオアンネス＝シュメール人は、一部のバンチェン人であったようである。

今まで人類の最初の文明は、オリエント（メソポタミア）ではじまったということが常識であったが、明らかにオリエントの前はタイのバンチェン、その前がツランで、ちょうど氷河期の、のちのスンダ大陸の海没後にも残された「ムー文明の文化や学問の中心部」に当たっている。

当時は日本もスンダを含むユーラシア大陸と陸続きであったので、陸伝いも海伝いも自由自在にバンチェンその他と交流することができたであろう。そのムー文明の最高の叡智カタカムナを、日本の山の民（カタカムナの保持者アシア族は、かつて天皇族との戦いに敗れたといういい伝えがある）が伝えたことも、十分にその事実を証明しているようである。日本の山の民は戦いで敗れた反体制の人々でもあったからである。

私の見立てでは、彼らは昔から日本に住んでいたところへムーの叡智を授けられ、それを守っていった人々らしい。しかもすべて「宇宙の理に忠実で、深い真理を、日本語の五〇音で適確に表現している、本当のヤマトコトバの創造者兼解釈者である」ので、「純日本発のムーの叡智」といえるであろう。

第三章　ユーラシア・環太平洋往復史観と日本

1　倭人の活動舞台は全世界であった

「倭人は日本列島に自生した海人である」と「漢民族は中国に自生した民族である」ということは現在の常識であるかもしれないが、事実ではない。そもそも人類は移住と混血を常におこなっていた。

古い中国史料では、倭人は満州から南下して半島を通過し、九州に到達、上陸したことになっている。

これらの倭人は、マレー海域から（その前はシュメールからインダスを通って）大陸沿いに北上し、中国大陸から満州に入って「北倭」となり、その一部が南下したといわれる。『海東諸国記』は、「日本最も久しく且つ大なり。その地黒竜江の北にはじまり、わが済州の南に至り、琉球と相接す」とある。

『元経』では「東夷五国とは、扶余、三韓、粛慎、倭人、裨離なり」といっている。朝鮮の白丁は、わが国の白丁隼人と同じであろう。また「水尺寸人」は朝鮮の山窩であり、半島残留の北倭らしい。このように、満州の北倭は、昔の中国大陸の住民で、中国↓満州↓朝鮮を経て日本（九州）にやってきたのである。

「南倭」とは、マレー海域から中国や朝鮮を経ないで、北上して九州に上陸した人々である。大分県の宇佐や国東半島に「東表国」（豊国、豊日国ともいう）を建て、さらに朝鮮半島南部に「駕洛」または「狗邪韓国」または「金官加羅」という飛び地をつくった。新羅はのちに金官加羅から独立したものである。（以上、鹿島昇説を参照）

するとと、次のように反論する人がいるかもしれない。朝鮮半島や中国大陸での「ATLウイルス保有者」はゼロであるのに、日本では多数の人がこの「成人ATL細胞白血病」のウイルス保有者である。すなわち、日本人と朝鮮人、中国人とは全く異なっていて無関係のはずなのに、なぜ古代の日本人、中国人、朝鮮人はアジア大陸で共生していたといえるのか。そもそも日本民族はこの島国に自生した古代からの定住者であって、移住者ではないはずだ、と。

これは前述したように、ATLウイルス保持者は、日本の中央部では少なく（大陸や半島からの渡来者が多いから）、九州、沖縄や紀伊半島、四国の南部で多い。アイヌの保有率もとくに高いことから、ATLウイルスの保有者は、日本の先住民（とくに縄文人）とアフリカの黒人だけだといわれている（日本の中では、ATL保有者は半分よりはるかに少ない）。

モンゴロイドには、古モンゴロイドと新モンゴロイドの別がある。これはビュルム氷期の最盛期を経た後のことで、今から約一万年前を境として、それ以前を古モンゴロイド、以後を新モンゴロイドという。新モンゴロイドは「シベリアのように寒冷地に適応したモンゴロイド」である。

ずんぐりとした体つきや扁平な顔は、体温の放散を少なくする。厚い皮下脂肪や一重まぶたの中の脂肪も同様な働きをする。黒い瞳や蒙古ひだは、雪の照り返しを防ぐのに役立っている。

現在、南中国や東南アジアに住んでいる南方モンゴロイドも、新モンゴロイドであるが、彼らには古モンゴロイドの特徴を残した人が多い。四肢が細くて脂肪の少ない人たちがしばしば見られる。彼らはビュルム氷期の寒冷気候をあまり経験しなかったため、こういう結果を呈するのであろう。

ATLウイルス保有者は、明らかに縄文系、すなわち古モンゴロイドに多く、北倭や南倭のような渡来系にはほとんどいないことが実体のようである。だから、日本人にはATLウイルス・キャリアがいるが、中国人や朝鮮人にはいないからといって、われわれと彼らとは違うということにはできない。新モンゴロイド以来、日本人（倭人）にもATLウイルス保持者はいないのではなかろうか。日本は弥生時代を待つまでもなく、ユーラシアと環太平洋の人類の移動の終着駅で、縄文時代はおろか石器時代においても移住の終着の地だったから、常に民族の交流と混血によって新しい文化を生み出してきたのである。

それでは古代の日本列島の住民は誰だったのかというと、『山海経』には、「日本列島には労民、毛民、倭人がいて、南倭と北倭とが区別される」とある。

労民はオロチョンのことで、半島と九州にまたがって生活していた。北方人であるが、彼らの地にネグリートのような南海系の海人が漂着して混血したらしく、古史古伝の『東日流《つがる》外《そと》三郡誌』に「アソベ族」と書かれている。

そのアソベ族と抗争したのが「ツボケ族」である。「トナカイのツングース」のことで、オロチョンの征服者である。黒陶文化を伴う遮光性土偶はツボケ族のもので、目にあてた横の棒は日よけであり、特徴ある鎧は木片でつづった独特なものである。遮光器土偶が有名である。

縄文後期の福島県に全く異系の土偶があらわれた。どうみてもセム族系の顔立ちの土偶である。この土偶は遠くオリエント→インド→東南アジアから来た、南倭系の東表国の海人であろう。

『三郡誌』には、アソベ、ツボケ族のほかに荒吐族がいたといっている。荒吐族は、新羅朴氏と東表国の朝鮮南部の飛び地金官（のち新羅）の金氏による水軍で、倭人でもある。朴氏はアッサムから中部インド、スマトラ西方に散在したナーガ族であり、金氏はオリエントのオッフルの植民者である。新羅にはもう一族がある。これが昔氏で、その王家は饒速日《ニギハヤヒ》命で、その前身はインドのクル族、中国のシャキイ族の「宛の徐氏」、満州の徐珂殷となり、朝鮮の穢《ワイ》族となって、扶余後期王朝を建てた。

倭人に近い同族として、雲南の瓦族と室韋族の蒙瓦部（今のモンゴル族）がある。それら共通の祖先として、洪水神話の担い手である「シュメール人のシュメール神話」が、これらすべての民族の神話のルーツに存在する。

朝鮮の『三国史記・遺事』によると、「朴氏は瓢公であり、その瓢公は倭人だった」とあるが、雲南からアッサムの地に散在するナーガ族とワ族には、「瓢《ヒョウタン》」が割れて、そこから人間と動物が出現した」(この瓢がノアの方舟の象徴)という神話があり、朴氏の祖・南解次々《じじ》雄《ゆう》は日本神話の長髄彦《ナガスネ》なので、朴氏と倭人は方舟の子孫であり、ナーガ族もワ族の子孫・方舟の子孫なのである。その方舟神話の大元はシュメールなのだから、同時にシュメール人及びシュメール神話を受容したユダヤ民族とも祖を同じくしている。

従って、日本人とユダヤ人、倭人、天皇家、朝鮮人と中国人は、大洪水以前の神と人との歴史を人類に伝えるための、神命を受けた民族であったということができるのである。

オリエント文化は、メソポタミアのラガシュ、アッカド、エルサレムのエブス人(ユダヤ人より先住の民族)、またはソロモン王のタルシシ船などが、インド洋を経て、中国大陸や日本(たとえば東表国)にまで到達していた。と同時に、太平洋を渡って新大陸(アメリカ大陸)にまで、その文化は波及していた。岩田明『十六菊花紋の謎』によると、

①渦巻文土器、トーテツ文土器、三足土器等は、テォティワカン、アステカ等に見られる。

②連続S字形文様はフロリダ州マーフィ島の角製櫛に見られる。

③ウルからインドネシアでみられるカメ棺葬がメキシコでもみられる。

④有肩石斧と有段石斧はエクアドルで発見された。

⑤楚の鎮墓獣と同様の舌を出した獣は、太平洋全域に及ぶが、とくにアステカの太陽の暦にあった。

さらに、鹿島曻『バンチェン/倭人のルーツ』によると、

⑥オリエントとバンチェンの回転印章の文化は、シュメール、エジプト、ディムルン(バーレン島)、エラム、バンチェン、日本列島、それに南米のチャピン、トラティルコなどの広い範囲に海商によって広められたが、前記の南アメリカにも同系文化がある。

⑦キープ(結縄文字)は、糸の色、結び目の状態と数および主縄からの距離、糸と糸とのもつれ合わせ具合等、いろいろに使える、文字のない文化の意思疎通のためのツールである。

昔は中国やペルシア、今では海南島、ベンガル州の一種族、日本の沖縄、中央アフリカと西アフリカ、カリフォルニアと南ペルーではこれに類似した記憶補助手段が使われているが、ペルーの古代インカ族のキップは有名である。

⑧巨石文化は中南米に広く存在する。

これらの文化を移動させたのは、アラビア海の海人である。前二〇〇〇年から前一〇〇〇年にかけて太平洋に進出した（この中にシュメール人も多くいたであろう）。

この分布は、古代オリエントを核とし、スカンジナビア、ウェールズに及び、西ヨーロッパから、南はエジプトから北アフリカの沿岸に進み、東はイラン、インドを経て東アジア（もちろん日本も含まれる）に普及し、さらにインドネシアからミクロネシア、ポリネシアの島々を伝って、中・南米にまで及んでいる。ユーラシア、環太平洋にわたる全地球的文化であった。

その中心はシュメールで、この文化を伝えた民族のほとんどが含まれている。シュメール人がメソポタミアで国家が滅亡したのち、紀元前二〇〇四年ころにメソポタミアを脱出し、東アジアや中・南米にまで達した。シュメール人といっても、王族もいたし兵士も都市民や農商民もいた。倭人といわれている人々も、その移動についていった人々が多い。倭人とは日本自生の民族ではなく、縄文時代や弥生時代に日本へ渡ってきた渡来人なのである。日本には当時（もっと古い時代の渡来民ではあるが）、石器人や縄文人（アイヌ人も）もいたが、この人たちは紀元前のさらに古い時代に日本へ渡来した人たちである。倭人は、私が以前から提唱している「ユーラシア往復史観」の人々で、おそらく一万年以前にツランの地から日本へ移動し（シュメール）、またはコタンの地にとどまり、日本から世界一古い縄文土器をたずさえて「バンチェン」等の旧ムー文明の中心だったところへ行き、さらにインド、シュメールへ行った人たちもいたのであろう。

そしてシュメールの滅亡後、オリエントから、陸のシルクロード、または海のシルクロードを通って日本へ帰ってきた、「日本→オリエント→日本」の往復をした人も多かったであろう。これが中国や朝鮮の史書にも出てくる「倭人」である。

「北倭」の人たちは、シルクロードを中央アジアから中国大陸→満州→朝鮮半島というように南下し、「南倭」の人たちは、インド洋から、マライやインドネシア（セレベス、ボルネオ）を通り、海から九州に入った人たちである。

「北倭」はシルクロードを東進する過程で一時、中国や満州、朝鮮等で支配民族（そのものではなくその一員）となり、「南倭」は海から上陸して、大分・宇佐を中心に「東表国（豊日国、これが隋や魏からいわれた倭国）」をつくり、朝鮮半島南部に「金官加羅」または「狗邪韓国」または「駕洛国」を飛び地として支配した。この東表国は白村江の戦いで唐と新羅に敵対したため滅亡して、日本と半島との倭人の一体化の歴史は終止符を打ち、その後は倭人というのは日本に住んでいる大陸や半島からの昔の渡来者のことをいうようになった。倭といえば日本住民だけの呼称になったのである。

2　アトランティス西南極説

ランド&ローズ・フレマスの著作に『アトランティスは南極大陸だった!!』というものがある。

今は極寒の地なのに、地を掘って時代を遡ると、暖かい地域の植物や動物の化石、シベリアでは氷漬けのマンモスが出てきたという例は地球的にみられる。

これは地球の地軸が変化して、かなり頻繁に北極点が変わったからである。前九六〇〇年頃は、北極点は今の北極ではなく、カナダのハドソン湾にあり、南極点はインド洋海上あたりであった。西南極は（南極大陸は山地の多い東南極と、それより小さい西南極とが、元は別々だったが、今は両方が一つになって氷に閉ざされている）極地圏の外であって暖かく、東南極だけが南極圏内にあった。当時は北米と北ヨーロッパが厚い氷に覆われていて、シベリアや日本は温暖な気候であった。もちろん、東南アジアのスンダ大陸（ムー文明）も暖かい気候の下で栄えていた。

北極点が移動すれば、南極点もそれと対称の位置に移動する。イギリスとニュージーランド、北アメリカ大陸とインド洋の南半分、常に極地に近かった東南極とグリーンランドは対称的位置にあり、気候もほぼ相似である。

プラトンに「アトランティスが存在したこと」を教えたエジプトの神官ソロンは、アトランティスについての次の十六の手がかりを与えた。

①紀元前九五六〇年
②太陽の軌道の変化
③全世界にわたって起こった大地震
④全世界を襲った大洪水
⑤島
⑥大陸（リビアや中東の一部であるアジアより大きい）
⑦海面より高い
⑧無数の高山
⑨海面にそそり立つようになっている険しい岸壁
⑩豊富な鉱物資源

⑪ヘラクレスの柱（それまでに知られている世界の範囲）のジブラルタル海峡外
⑫アトランティック・オーシャン（大西洋）の遥か彼方
⑬〝本物の（当時世界は一大洋と考えられていた）〟海に浮かんでいた
⑭地中海は本物の海と比べたら、湾にしかすぎない。
⑮本当の大陸は、本物の海を囲むようにして存在する。
⑯ほかにも存在した島

（ランド＆ローズ・フレマス『アトランティスは南極大陸だった!!』より）

南極を中心とみて、アメリカとアジアが現在のベーリングという陸橋部分によってつながっていたとき（氷期）、世界大陸というべき陸地を形成し、世界洋（一つの海）を囲む型で存在していたことになる。南極（とオーストラリア）は、世界洋に浮かぶ島である。

プレートテクトニクスを駆使する地質学者たちは、南極が、かつて鉱物資源が世界で最も豊富な地域、南アフリカ、オーストラリアの西南部、南アメリカに属していたゆえに、同様な鉱物資源が氷に覆われた大陸の下に眠っている、という結論を出している。

一九五八年、われわれの常識を覆す形で、南極は一枚岩的な陸地ではなく、氷の下に隠されている陸地は、次ページの図のように、現在の南極の左の部分、東南極と右部分の西南極、

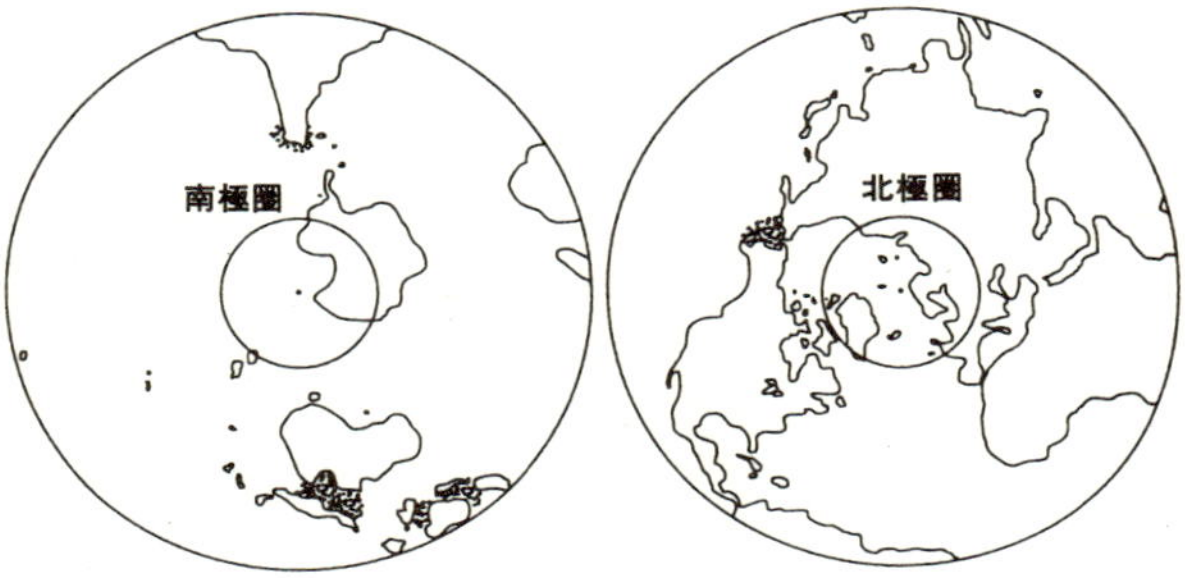

紀元前９万1600年から５万600年ころの北極圏と南極圏。北極圏はヨーロッパの大部分とグリーンランド全島を含んでおり、アジアとアメリカはつながっていた。シベリア北東部、ベーリンギア、アラスカは温帯に属しており、南極圏では南極大陸のニュージーランドに近いほうの部分は氷に覆われていた。

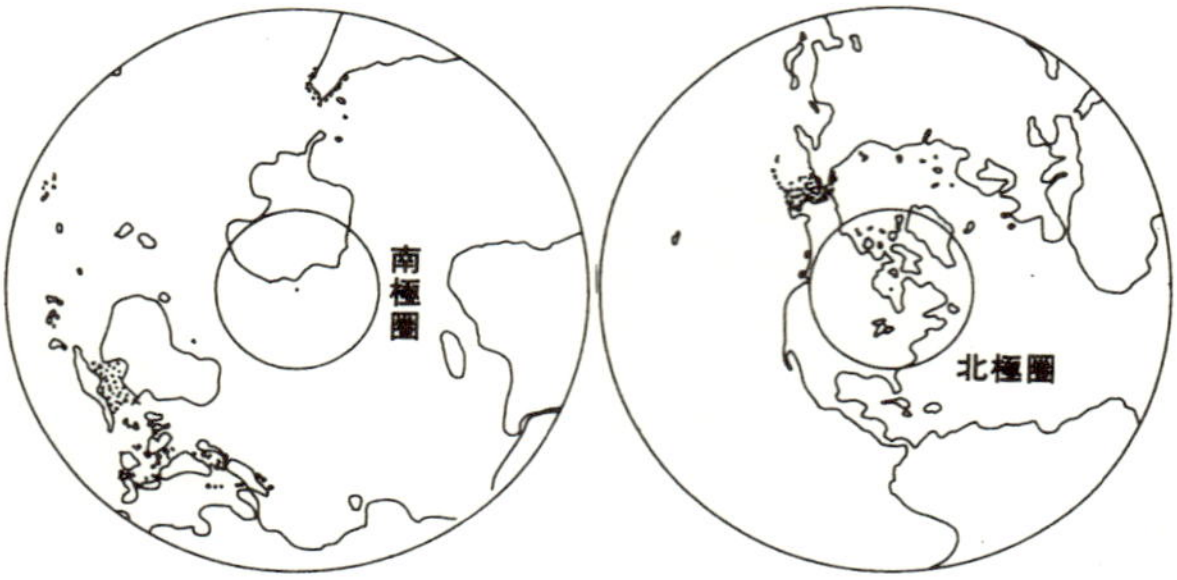

紀元前５万600年ころから9600年ころの北極圏と南極圏。北アメリカ大陸のほとんどは北極圏に属していた。ローレンタイド氷床はこの時期に形成されたものである。西南極は、シベリア、ベーリンギア、アラスカと同様、高山地帯を除いては氷と無縁の地であった。この時期において、アジアに住んでいた人々はベーリンギアを通って新大陸へ移住できたであろう。そして南アメリカ大陸から氷のない西南極へ行くこともできたはずである。

ランド＆ローズ・フレマス『アトランティスは南極だった』より

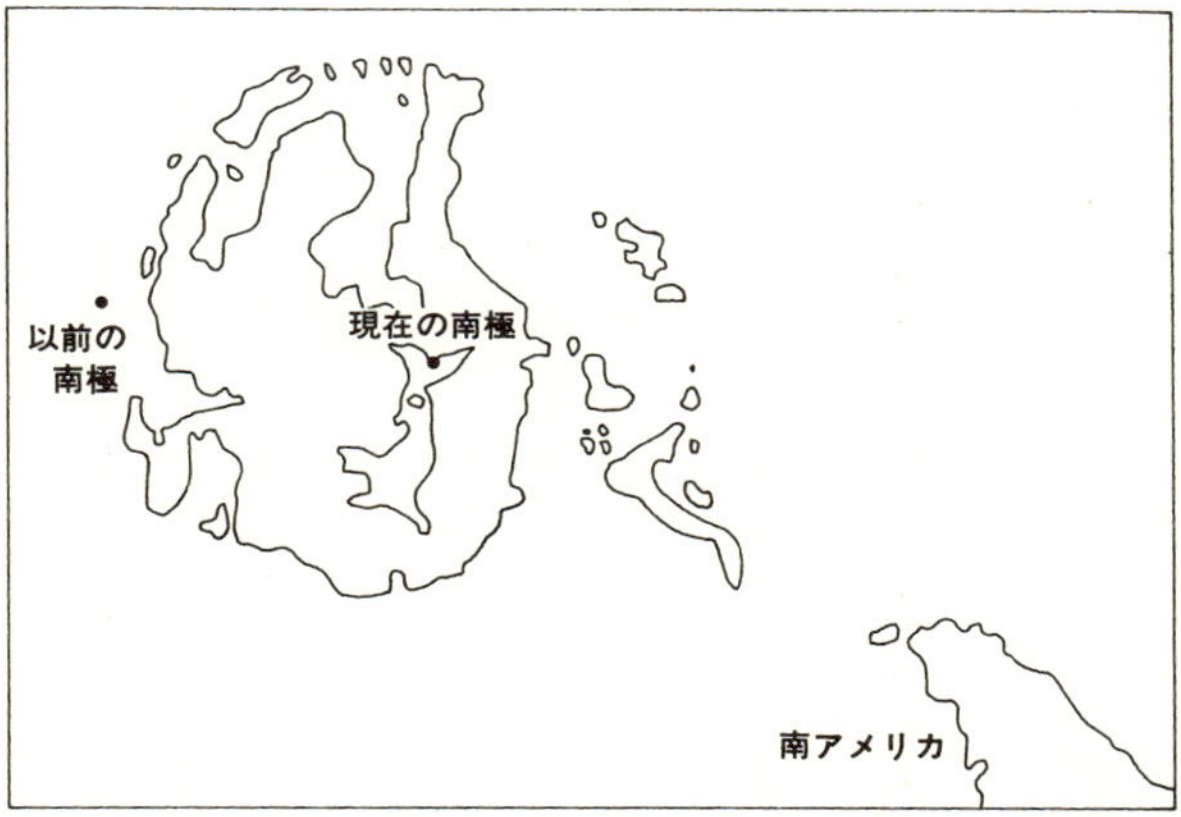

氷床を取り除くと、南極は南アメリカまで点々と続く小さな島々からなる群島であることがわかる。
ランド＆ローズ・フレマス『アトランティスは南極だった』より

および南アメリカと間々の島々から成ることがわかった。さらに、地震波測定装置により、厚い氷雪に覆われた東と西の南極の姿がわかり、プラトンがいう「別の島々」の存在も明らかになった。アトランティスは、七二キロの巨大な外壁に囲まれていた。外壁は「オリハルコン」という、特有の炎のようにきらめく金属（特殊な合金）による壁に覆われている。

都市計画も無計画（現在の主な大都市のように）ではなく、都市計画の手本のように整然としていた。ここで超古代の高度な文化が営まれていたのである。ムーと同様である。

アトランティスは、ムーに比べると、より科学的、技術的で、最後にその技術が暴走して大異変の原因になったという人もいる。天才ニコラ・テスラは人類の幸せのために、彼の発見したテスラ波、すなわち電磁波を操作して多くの発明をした。しかし、今はそのテスラの電磁理論を悪用して、気象兵器や地震兵器、＋と－との干渉によって、大爆発や大きなエネルギーを得ようとしている。アトランティス時代も彼らの技術の暴走があったというから、これも宿業なのだろうか。

ムー文明は、「カタカムナ」のような天然自然の理から、「アマウツシ」とともに「アマカエシ」（還元、消えてしまう）が可能で、放射能処理やゴミ処理ができ、爆発的、破壊的ではなく、人体波や植物波といった、自然とともに生きる技術が主であった。そういった方向性の違いはあるが、ムー、アトランティスともに、現代より別系統の超科学が超古代には存在したのである。

3　六千五百年前まで世界の文明は一つだった

吉田信啓『超古代、日本語が地球共通語だった！』を読むと、「岩刻文字（ペトログラフ）が明かした古代ワン・ワールドから民族が分かれたのは、紀元前四五〇〇年（今から六千五百年前）であったということが、西洋の大学や研究機関で常識化しつつある」という。

前四五〇〇年という時代には、今の都市や王、言語、宗教（仏教、キリスト教などの発生は前数世紀、二千数百年前）などが今のようでなく、大都市も、支配者である王もおらず、自然を崇拝するアミニズムのようなものが中心であった。もちろん部族の長はいただろうし、宗教の代わりにシャーマンが人の心の問題を解決していただろう。

それと同時に、世界最初の一大文明であるシュメール文明がメソポタミアの地に誕生する。前述の「岩刻文字・ペトログラフ」とは、岩に刻まれた古代文字などであり、これは、ほとんど全世界で同じ文字が刻まれている。ワン・ワールドなのである。

吉田信啓は、このペトログラフは、日本では西日本に三八六個、全国あわせて五〇〇個以上あるといっている。こうしたペトログラフはヨーロッパ、アフリカ、アジア、アメリカ大陸等、全世界で発見されている。大部分が同一文字で、シュメール古拙文字（最も古い絵文字）、シュメール文字、リビア文字、フェニキア文字、シナイ文字等で岩に刻まれている。日本列島のペトログラフの八五％は、シュメール文字やシナイ文字で解読することができるという。

欧米では、半世紀以上前からペトログラフ学という学術分野がある。アメリカの著名大学（ハーバード、カリフォルニア、マサチューセッツ工科大学等）に、イギリス（オックスフォード、ケンブリッジ）、フランス（パリ、ソルボンヌ等）、イタリア、ロシア（モスクワ）、アルゼンチン、オーストラリア等の世界四五か国で、六五〇人もの専門科学者がペトログラフを研究している。

フランス国立博物館先史時代研究者の研究家は、日本のペトログラフの数の多さと、ほとんどすべてにシュメール人の訪日があること（世界のペトログラフ伝搬の鍵は日本であるという考え）によって、次のように考えている人もいると思う。

「極東日本で生まれた文字が（日本語は実に多くの言語や文字と共通であるから）、メソポタミアのシュメールに南下し、のちにフェニキア文字となり、それがローマ字に変化して、ヨーロッパに伝わり、英語やフランス語、ドイツ語に使われたのではないか」

文字が伝わったならば、当然単語や言語の共通性もあるだろう。このことについては後述する。

4　シュメールと日本との類似点

世界の国旗は月と星のあるものが多い。日本は太陽を国旗としている数少ない国である。

岩田明『十六菊花紋の謎』によると、前六〇〇〇年頃（昔、神武天皇の建国は一九四〇年から二六〇〇年前だといわれた）カルデア人によるカルデア王朝のころ、ネブカドネザル二世が築いたといわれるバビロンのイシュタル門の両壁にライオン像が多数画かれ、その周囲を王家の紋章として「十六菊花紋」が取り囲んでいる。

もっと古いナラムシン王の戦勝碑（前二三〇〇年ころ）も同様で、中央が丸く大きく盛り上がった紋様で、一般的には太陽と月をあしらったものといわれている。

カルデア人とは、シュメール地方の人を意味することが旧約聖書に書かれている。カルデア人は航海民で、インドから大陸沿いにマレー半島→黒潮を経て、中国や日本にも来ている。そして、ペトログラフの八割以上を占めているシュメール古拙文字とシュメール文字とを日本へも伝えた民族だといわれている。

王家の紋章が日本と同じ世界で唯一の国だとすると、日本とシュメールとは、人種（混血かもしれない）も文化も共通の（おそらくムー文明の真髄の）兄弟国だったのかもしれない。だからシュメール人もその言語も、今から六五〇〇年前には日本へ来ており、当然文化交流もあったであろう。

鹿島曻は『バンチェン／倭人のルーツ』で次のようにいう。

シュメール人は、円形で鼻は広く、どんぐり眼の人々（大陸型ではなく南方型の人々に多い）だといわれている。これはタイ奥地の前四〇〇〇年より古いといわれる、バンチェンの黒陶文化をつくった人々やメコン支配のマカン人などと同じである。

では、六千五百年前（またはさらに前）の「バンチェン人」を中心に世界史をみることにしよう。バンチェンの黒陶は中国や日本へもその文化を伝え、やがてシュメール人＝バンチェン人（の中核）は、青銅文化やその他の文化をたずさえて、インドを通り、海から（オアンネス神話の通りに）シュメールに上陸し、メソポタミアの地へ「シュメール文明」を伝えた。しかし、前二三五〇年頃アッカド王サルゴン一世に征服され、残った人はいたが、大部分は南太平洋からアメリカ大陸、マレーから中国、日本へと航海民族となり、国をつくったり移住したりして、今日では民族名は異なってしまった。

これはシュメール民族だけの話ではなく、人類の歴史はそもそも渡来、移住、混血はすべてに共通の大法則で、「その地で自生した民族」などはほんの少数（ほとんど0に近い）というのが本当の歴史なのだ。

フランスや海外の一部の学者がいう「太古、世界は一つで、その中心として日本があった」（とくにペトログラフ系の説）という説を基本にして世界史を考え直してみよう。

日本は考古学的にみると、世界一古い縄文土器作製の国（一万二千年から一万四千年前といわれる）である。他の国の最も古い土器は七〜八千年前に中東で初めてつくられたというのだから、数千年は日本の方が古いのである。

すると数千年前、日本の文化は、加工技術では世界一であったのかもしれない。日本は当時も今も山地や台地が多いため、海面が上がってきても浸水・海没する地域が相対的に他より少なかったことも影響していると考えられる。

日本列島が大陸と陸続きであった一万年前後前までは、大陸の一部だったので（今、日本に住んでいない動物の化石がある）、後氷期にも人間の移動は自由であったであろう。だから、タイの奥地バンチェンなどとも文化交流や人の行き来があったと思われる。日本から伝わったものもあり、バンチェン等から伝わった文物もあったであろう。逆にいえば、日本、バンチェンは当時の文化の中心地、世界への伝播地であったのかもしれない。

そうだとすると、地理的には、東アジアとインド、中東との文化の中継点として、バンチエンが最も適当で重要な位置にあったといえるであろう。日本人もバンチェンに行ったり来たりしていたにちがいない。

ここで現在の史学の常識はどうなっているかというと、日本には『古事記』『日本書紀』以前には日本人によって書かれた文献はなく、文字のない「無文字時代」が続いて、やっと記紀において「日本人の漢文で書かれた文献がはじまった」というものである。

しかし、前記より三世紀も前の時代、女王・卑弥呼について、「倭国は使者や通訳で行き来できる国が三〇ヵ国ある」と「魏志倭人伝」に書かれている。漢字や漢語を自由に使える人がいたのである。魏の王朝からも、卑弥呼を倭の国王と認め、その証拠となる金印を与えている。

『日本書紀』の序にも、「また一書に云う」とか「ある一書に云う」といって、それ以前（となると無文字時代になってしまう）の文献の存在をほのめかしている。古い文献、文書、伝承などの存在、いわゆる古史古伝『富士宮下文書』とか『上記《うえつふみ》』『秀真伝《ほつまつたえ》』などがそれである。このことは、国の有効文書をすべて「偽書」として歴史から葬ってしまったことを意味している。そして、それ以前の日本の歴史は、神話や事実とは一致しない歴史物語になってしまったのである。

支配政権の征服した王朝や地方の歴史を消し去り、主要な伝説や伝承の自分にとって都合のよいものを採択し、それらを編集し直して『記紀』としたことは明白である。

『記紀』の内容で、周辺国や世界史と一致しない曖昧なところは、日本の周辺の中国、朝鮮、周辺国の文献、とくに契丹の『北倭記（倭人興亡史）』や朝鮮の『桓檀古記《かんだんこき》』を全訳し、それを研究した鹿島曻が、シュメールから古代にかけての真実の歴史の金字塔を打ち立てている。

言語的には日本人は、漢字仮名まじり文を使用している。日本語の文法は「膠着語」（膠《ニカワ》で接着するように、テニヲハの膠着語によって、単語がべっとりとくっついている語のこと）

系統に属す。さらに日本語は「母音が強調される」特色をもっている。

二〇世紀になって欧米の考古学者、言語学者、史学者によって解読されはじめたシュメールの文字と言語は、日本語（同時にウラル・アルタイ系言語）との類似性がいわれるようになった。

①シュメールの楔形《くさびがた》文字は、漢字の形成とほぼ同じ過程をへて成立した（66ページに図示されたシュメール楔形文字と甲骨文字との類似は明らかである）。

②シュメール文字は、現代日本語の漢字仮名まじり文と同じ構造をもつ。

③シュメール文字は、子音のみならず母音をも記す。シュメール周辺のセム系言語の文字は子音のみ発音する。

④シュメール語は膠着語である。

これはまさしく、日本語とシュメール語が、ウラル・アルタイ語系の兄弟語である証である。

5　ツラン→コタン→バンチェンを経てシュメールに至る

ツラン民族とは、ウラル山脈とアルタイ山脈の間の地帯（アジア大陸のど真ん中）にあり、人類最古の、天地の公道を行く正統な文明をもっていた民族である。この文明は一万数千年前、今の文明とは別の、「ムー文明」が保持していた、宇宙の公理に従った正統の文明であった。

このツラン文明から、地球大異変後に東に向かった人々は日本民族になった。一時中国の奥地コタンに住み、南行してタイ奥地、メコン川上流のバンチェンを経てインドから、さらに海からメソポタミアに入ったのがシュメール民族である。

日本への到達は、ペトログラフの八割にシュメール文字があることから、およそ一万年前(岩刻文字は六五〇〇年前からのものを発見)であり、日本語の根幹と日本文明の土台を形成したようである。「ヤマト言葉」を一言一句に込めた「図象文字・カタカムナ文字」の発見は、ヤマトコトバこそ世界最古であることを示し、不変の宇宙真理に基づく、日本人の今に変わらぬ思念をあらわしている。

岩田明『十六菊花紋の謎』に、①日本人の子供に蒙古斑があるが、イラク(シュメールの地)人(の一部)にもそれがあることを発見し、②バビロンのイシュタル門に「王家の紋章」である「十六の菊花紋」が刻まれているとある。

どこから来たのか今も謎といわれるシュメール人は、明らかに日本人と同じモンゴロイドで、セム系人種やアーリア人ではないことが右の①②で明らかである。

前三五〇〇年から前二〇〇〇年にかけて、シュメール人は、自然資源に乏しく、文明が皆無で、葦《アシ》の茂る不毛の湿地帯、チグリス・ユーフラテスの下流域に、当時の世界最高の文明を実際に築いたのである。岩田明『十六菊花紋の謎』をみると、

①一大灌漑農業施設と厖大な穀物生産。
②神殿を殻《かく》とする都市の建設と維持。
③天文、数学、医学などの科学。
④人類最初の完成された文字体系。
⑤無数のすぐれた美術品。
⑥神話と叙事詩。
⑦宗教。人類すべての宗教の由来だという。
⑧学校。
⑨国家行政組織と記録文書の集積。
⑩遠洋航海を含む水運系や世界貿易体系。

このような、その後の人類のほとんどすべての領域を創始する能力をもち、実現した。今から五千数百年以上前には、これに匹敵する文明は皆無であった。どう考えても、これらの文明のルーツは、その後の文明とは違う。時間的にもはるかに古く、空間的な発想は、他と

は全くレベルが異なる壮大な能力であり、まさに「今とは別の高い意識」によっておこなわれたことは明らかである。当然、自然観、世界観、宇宙観、科学観もまた、今より高度で「別のもの」であった。

シュメールが今から五千五百年前から四千年前までの千五百年でどうして滅亡させられたのかをみよう。

日本の縄文時代は、シュメール文明の発生から消滅までをカバーしているから、同じウラル・アルタイ語系、ツラン民族の二つの支流であることはたしかである。ツランから東へ行ったのが日本民族（縄文人）、南から西へ行ったのがシュメール人なのであろう。

日本人もシュメール人も人類の正統文明を継承した。それは宇宙の真理を認識し、「言《こと》霊《だま》」としての一言一句に人の素直な想念を込める言語により行動していたことになる（日本では「カタカムナ文化」として）。たとえば、シュメール人は海から昼間だけ上陸して、住民に平和的に自己の文化を教え、超高度に発達した一大文明を生みだした。これが東洋文明、ツラン文化の精華である。

そこへ近くの「セム系の民族」が寄ってきた。このセム系民族の侵略（アッカド王サルゴン）によって、シュメール民族は滅亡し、太平洋からアメリカ大陸、インド、中国から日本へと海洋民となって生き延びていった。

そのシュメールの廃墟の上に、セム人たちの動乱の時代がおこり、セム人の著しく堕落した文明がつくられる。その腐敗しかけたセム文明に、シュメールの正統文明に反する反逆の文明・悪魔教（正の反対を信じ、儀式殺人や生血をすするようなことをする）が取り憑き、寄生し、西洋に悪魔界が根づいてしまった。

シュメール時代には、今の宗教や貨幣制度、独裁国家、貧富の差のほとんどない平和国家が実現されていた。ところがシュメール滅亡後は、弱肉強食、強いもの勝ちの世界となって、紀元前二〇〇〇年から今日まで変わらず現在に至っている。

このような荒廃した考えの世界に、再び「カタカムナ」や「シュメール文明」の天然自然の理を素直に学んだ、かつての文明を再発見していくことこそ、大きな意義があるのではないだろうか。

科学編

「0理学」が明らかにする宇宙の真の姿

第一章　0理学が五次元物理を解く鍵である

数学で0というのは「大きさも広がりもない点である」といわれている。物理学でも「0と無限大」の考え方は数学と同じで、それ以上の思考は停止してしまう。つまり、現代科学の常識では0と∞は考えないことにしている。

ところが、「科学では説明のつかない現象」がある。その本質（根本原因）が不明のものがそのようにいわれる。たとえば、気や超常現象、超能力である。「目に見えない世界」の大部分を科学は説明できないのである。

現代科学は、「科学機器の測定によって何らかの数値がある、見える世界」のことで、根本原因ではなく、結果・現象の測定や探求だけの世界なのである。

私はそれだけでは満足できない。「科学との整合性に基づいて、現代科学を発展させるような新科学を樹立しよう」と決心したのが、今から四〇年以上前の一九七四（昭和四九）年、四五歳のときであった。

この年のはじめ、ユリ・ゲラーが来日し、スプーン曲げをはじめとする超能力ブームが起こった。この年中、「超能力はあるか、ないか」という話題がテレビやマスコミをにぎわせていた。

私は、中にはインチキやマジックはあるけれども、超能力の本物が存在していることは、以前から確信していた。そして、現代科学の最先端を学習すればこの謎は解けるに違いないと思い、宇宙論、相対論から量子論までを学習することにした。

たとえば、写真のフィルムには、目に見えない紫外線レベルの光が感光すると知って、目に見えない（可視光線レベル以外の）光も超能力に関係するのか、と考えたこともある。だが、そのようなことは全くないとわかった。光＝電磁波は、「距離の二乗に反比例して減衰する」から、「遠隔作用」などについて、電磁波で解明することは不可能なのである。

すると、「未知の現象のエネルギーの本体は、まだ現代科学ではわかっていないのだな」ということがはっきりとした。「目に見える世界の物質（万物）は、すべて光＝電磁波の塊」だからである。

この減衰する電磁波のほかに、ロシアで「ねじれ波」というものが発見されたのを二〇〇二年に知った。これは後述するが、ねじれ波は「エネルギーを伝える波ではなく、情報を伝える波（電気抵抗がないので減衰しない）で、光速の十億倍以上」だという。これを使って「遠隔作用」をおこなえば、減衰せず、どこへでも届くことになる。

そして、人の生命も意識も、気も、超常現象も、霊も、真空も、すべての「目に見えない現象」はすべて「0の現象である」ことと「科学にねじれ波を入れなければならない」ことに気がついた。このとき、「0理学」が誕生したのである。

「そうだ。目に見えない0の現象を、科学との整合性によって解明することが私の〝天命〟である。これを一生のテーマにして研究しよう。たとえ誰も評価してくれる人がいなくても、私の生き甲斐としてやりとげよう」と決心して今日に至っている。

数学は、概念による思考の合理性の科学だから「0は大きさも広がりもない」のは当たり前である。しかし、物理学は現実の物質世界の法則を具体的に解明する学問である。物理学的な0には実体がある。

物理的な0とは、すべて「プラス・マイナス0」のことである。宇宙は＋－、NS、陰陽、表裏、実と虚というように、すべて相対立（正反対）するペアから成っている。なぜなら、根本となる五次元の空間が、潜象の渦状の＋－（陰陽）電子対から成る「メビウスの環」のペアからできているからである。

大きさも質量も、性質、機能も同じ＋－が、メビウスの環状のペアで運動（自転）している。しかもメビウスの環の運動は、対称的な位置にある左旋（＋）と右旋（－）の粒子が一回転すると、環の中心の結節点で右旋の粒子と左旋の粒子が反転（鏡映変換、鏡に映すと、右と左とが逆になること）して、計二周（二周目は回転方向が逆になる）することによって一サイクル（スピノールという）が成り立っている。

このメビウスの環状の０の世界こそが、五次元の世界なのである。これが「複素十字形座標」で、十字形の右側が「右ネジ空間」で物質の世界。科学の対象である粒々（粒子性）はここに属す。切れ切れで一個、二個と数えることができる現代科学の世界、十字形の右側だけの世界である。

空間はタテ・ヨコ・高さの三次元プラス一次元の時間、アインシュタインのいう計「四次元の時空」である。

そして、五次元目の空間は十字形の左側「左ネジ空間」で、右ネジとペアになっている。左ネジの方が根源・大元の世界で、右ネジと左ネジとの結節点・中心点で反転するメビウスの環の、左側の空間のことである（五次元の要素はゼロ磁場とポテンシャル）。

左ネジは右ネジ（左旋が＋、右旋が－）と反対の、右旋が＋、左旋が－の世界である。左ネジは右ネジとは異なる波動の世界で、粒々ではなく、ひとつながりの波動が上下左右、四方八方に広がっている世界である。この左ネジの世界の一角でゆらぎ、対称性の破れが起こると、ただちに、右ネジとの境をなす中心点•で反転し、切れ切れ、飛び飛びの四次元時空が「目に見える世界」として反転・現象してくる。これが四次元時空の姿である。現代科学では未知の、左ネジの±０の世界こそが０理学の神髄なのである。

科学では、以下が絶対に必要である。
（1）粒子性科学でなく波動性科学。
（2）日本超古代の「カタカムナ」、大橋正雄の「波動性科学」、トーマス・ベアデンの「スカラー波理論」、そしてロシアのシポフ、アキモフの「ねじれ場（波）理論」を加えて考察しないと謎は解けない。
（3）五次元（虚の、虚質を加える）と0（プラス・マイナス0《ゼロ》やNS0《ゼロ》）の科学的解明（0とは潜在エネルギー・ポテンシャルの状態である）。
（4）四次元は「電気主導」で、電気が動けば磁気が対発生するが、五次元は「磁気（ゼロ磁場）主導」で、磁気が動いて電気が対発生する（電磁波ではなくて「磁電波」ともいえる）。
それを二つの図で表す。

ひとつは私の「複素十字形座標」である。今までの科学は、十字の右側の「右ネジ空間（見える世界・物質）」ですべてを解明しようとしてきた。複素数の虚数とは、量子力学などに出てくるもので、単に計算に便利だから使っているものだ。

だが、宇宙現象は常に十字形の右側の「右ネジ」と左側の「左ネジ」の空間が0《ゼロ》点を共有して表裏一体を成している。

二つ目は、大橋正雄『波動性科学』にある、「宇宙の階層性構成図」である。縦軸を粒子

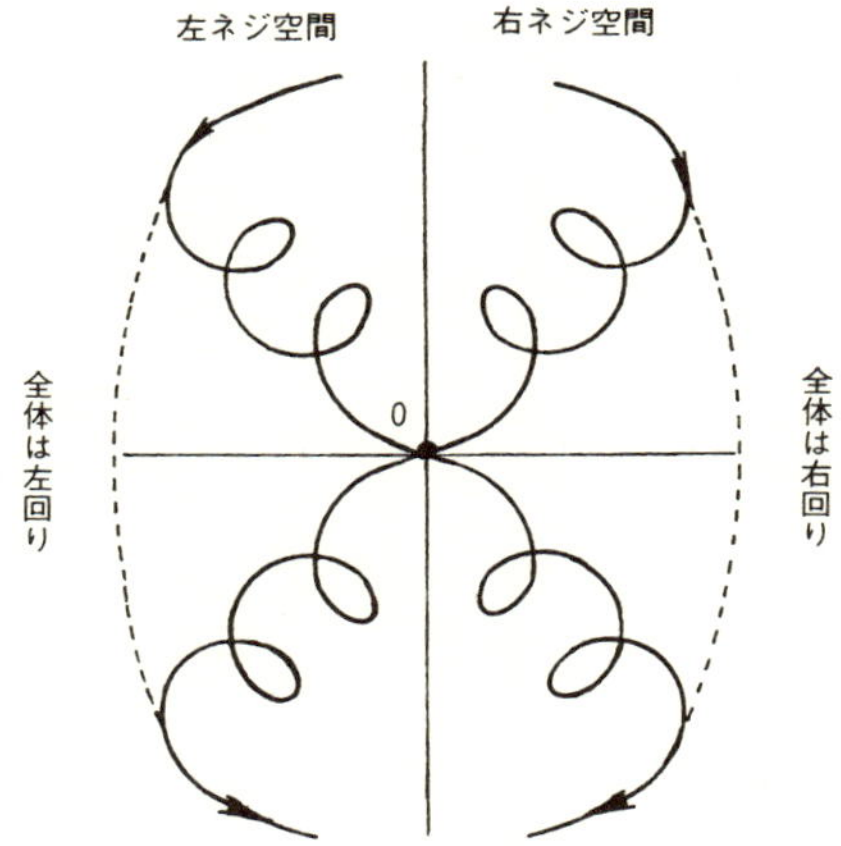

複素十字形座標

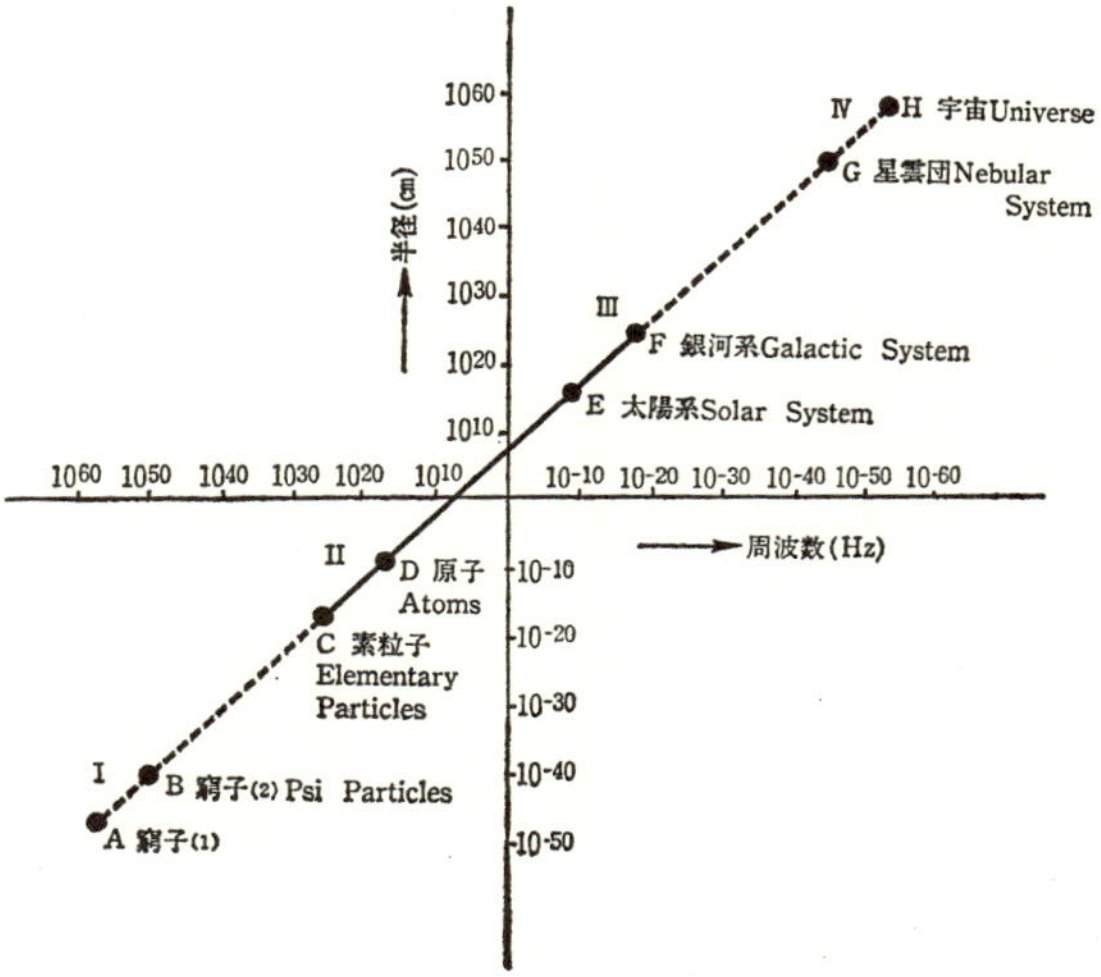

宇宙の階層性構成図
大橋正雄『波動性科学』より

や存在の回転半径、横軸をその周波数（一秒間の回転数）にしてこの表を完成させると、

（1）粒子の回転半径が小さくなるほど、それに比例して周波数が大きくなる。より小さな物質ほど周波数Hzの大きさは大となる。

（2）これはHzを一秒間の回転数でみるのではなく、一定のエネルギー値を4×10^{-15}V（プランク定数hの数値）の、一周のエネルギー値としてみるからである。小さい物質の方が一秒間の回転数は大なのだから。

（3）エネルギー値の場合、Hzは「一秒間の回転数」ではなく、「一周のエネルギー値」となる。

そしてその比率は、大宇宙から物質、プランク定数hにいたるまで同じ比例関係でできているのだ。ゆえに宇宙は、大小にかかわらず形も角度もパターンも「相似律」によって支配され、数学の「フラクタル」に、大きいものも小さいものも同じ形で直線状に連なっている。古人が「宇宙を知りたければ、人間を見よ」といったのはそのことなのである。

第二章　現代科学ではいまだ解き明かされない謎

1　科学の最高知性の抱える疑問

一九九九年、目に見えない五次元世界の存在によって理論物理学の疑問を解決する方法論を述べて、一躍注目を集めたハーバード大学教授のリサ・ランドール博士は『異次元は存在する』で次のように述べている。

ランドール博士は、原子核を構成する素粒子のなかに、この世界から姿を消すものがあるという矛盾にぶつかった。「なくなるはずのない素粒子が姿を消すのはなぜか」という理由として、異次元の形を特定するために、試行錯誤を繰り返した。はじめはこの異次元が（一般で考えられているように）とても小さいか、あるいはドーナツ状であるようなモデルを考えたが、うまくいかなかった。

だが、最終的にこの異次元世界が、三次元空間を取り巻いた巨大な時空であることを理論上、立証したのである。この思いもよらない大発見に、物理学界は沸いて、彼女は一躍有名人になった。
このリサ・ランドール博士が日本で記者の質問に答え、次の謎を表明した。

（1）宇宙の基本的な四つの力について、電磁気力を1とすると、弱い力は10^{-3}（千分の一）、強い力（核力）は10^{2}（百倍）に対し、重力は10^{-36}（1兆×1兆×1兆分の一）と、極端に弱いのはなぜか。

（2）四次元の外に広がっている五次元の世界が、他の三種類の力に比べて強く働いていると考えれば、四次元で重力が弱くても、宇宙全体では、重力は他の力とバランスがとれた大きさだと考えられる（五次元はすべて0だという0理学で解ける）。

（3）これらを証明するためには、素粒子の大型加速器による実験が必要である（CERN〈欧州原子核研究機関〉の加速器の大型化により、二〇一三年、ヒッグス粒子が発見された）。

2　重力の発生原因

リサ・ランドールの第二の問い、「五次元では重力は他の三つの力とバランスがとれて同じである」は正しい。では、第一の問い、なぜ重力は四次元時空で10^{-36}（1兆×1兆×1兆分の一）というような極端に弱い力なのだろうか。

まず重力の発生原因を考えてみよう。

物質とエネルギーはどのようにして発生したか。物質は、素粒子から原子、人間、星、太陽系、星雲、星雲団等、すべて、＋－電磁波である＋陽子と－電子とが原子内で重なりあい、打ち消しあって±0になった原子（0の証拠は、原子からは＋－が中和しているので、原子内からは熱もエネルギーも出てこない）の集合体の大小からなっている。

原子の集合体としての物体は、すべて運動（基本は渦状で、スピン・自転運動）している。その一秒間のスピンの回転数が周波数で、これの大小が周波数＝質量となっている。周波数が大きいほどエネルギーと質量が大である。

重力は原子だけから発生している。この強さは、物質の質量×周波数の大小であり、原子を基準にすると、原子内の素粒子数、電子は陽子の一八六三分の一の質量なので、原子の質量はほとんど原子核の陽子、中性子の数に比例している。

原子内では＋陽子と－電子の電荷は打ち消し合う（電子が陽子の位置に縮んでしまうと同じような数値となる＝距離の二乗に反比例して減衰する）ので、±0の波動が、原子内では次から次へと発生している。この0の波はその後、どうなるのであろうか。

原子内で発生した±0の波は、原子から宇宙空間に輻射（放射）されるほかない（斥力として)。するとその輻射分だけ原子内は希薄になり、低圧となる。すると、原子の外は、原子内の低圧に比べて相対的に高圧になるので、高圧部から低圧部への吸引作用・引力作用が起こる。この吸引作用のことを「重力」といっているのである。現象では「引かれる」ようにみえるのに、実は高圧から低圧に対して「押している」のだ。

科学常識では、重力は「引力(吸引力)だけだ」といわれているが、±0で原子内から宇宙空間に対して同時に放射された±0の斥力(重力の反作用)は、何と定義したらよいであろうか。私はこれが「物質波」であり「重力波」であり気の力の実体でもあると考える。

科学での重力波の定義は、「電荷の振動による電磁場の変化が、電磁波として伝わるように、物体が振動する(原子内でスピン運動が起こる)と重力波が放出される」という。

現在、遠くの天体が大爆発したときの振動の波をキャッチしようとしているが、これはいまだに観測されていない。理論的には、0理学がなくては、原子内から斥力としての重力波が出ているという考えは思い付かないであろう。この波を解き明かすのは、大橋正雄の「物質波、原子波」、ベアデンの「スカラー波、スカラー電気重力波、±0電磁波」、ニコラ・テスラの「テスラ波」等である。しかしこれは、「重力(引力)」とペアの「斥力の±0電磁波」の中の「斥力」が、常に原子から重力と相似の質量(潜在)として出ていることは定義されていない。この0の波は±0の合成波なので、合成前より複雑に進化している。

０ではあっても、この重力波は、波の進行方向に対してまっすぐに進む「縦波」＝「空間の伸び縮みの波」であって、「ポテンシャル」すなわち潜在エネルギーとして左ネジの五次元に保存される「位置のエネルギー」と同じ波である。周囲の高圧に対する低圧であるという圧力差がある。これらを測定する機器が開発されたなら、観測できる可能性は十分にあるだろう（なお、遠い星の振動＝こだまは、縦波とは直角の方向、横へ広がる横波なので、伸び縮みの波＝粗密波ではないため、測定は難しいだろう）。

３　なぜ五次元では四つの力は等しいのか

原子内の＋－が重なりあい、打ち消しあって±０の波（重力波）が発生し、斥力となって宇宙空間へ放射される。その放射分だけ原子内が希薄になり、低圧となるので、周囲の相対的な高圧部からの吸引作用（引力）が発生する。これが重力の発生原因だといった。すなわち重力発生の大元は電磁波の＋－と、その中和による０に根本原因がある。その結果生じた「圧力差」が重力発生の原因である。

エネルギーや力には、一次的エネルギー（大元の根源のエネルギー）と、二次的エネルギー（一次的エネルギーを変化させ応用したことによって発生させたエネルギー、多くは人工的）がある。

①一次的エネルギーは、電気と磁気とによる電磁波だけである。宇宙のエネルギーの大元はこれだけである（力を加えなくても宇宙が存在する限り発生する「永久機関」エネルギー）。

②二次的エネルギーは、重力、核エネルギー、熱エネルギー、化学的エネルギー等である。すべて一次的エネルギーの工夫・応用による運動エネルギーが元になっていて、力を加えたり、加え続けたときだけ発生する。運動が止まれば、エネルギーを新たに補給しない限り、エネルギーの発生もなくなる（力を加えないと発生しない）。

ところが、一次的エネルギーである電気成分の電子（磁気成分は、電気成分が動くと、ただちに電界に直角な横方向に角運動量としてリング状の渦をつくり、電界をとり巻いて電磁波として進行する）は、宇宙現象が存在する限り（宇宙は永遠とか無限ではなく有限である。エネルギーが燃え尽きると消滅する。人間の生死と同様だが、最も長い寿命をもつ存在である）「永久エンジン」として存在するエネルギーである。

電子（ペアである陽電子も）だけは、宇宙存在を限度とする「不滅の存在」（五次元では潜在エネルギーとしてニュートリノとして存在する）である。

楢崎皐月は、「ニュートリノは〝位置の素量〟で、位置のエネルギー＝ポテンシャル（潜在）だ」といっている。これらはすべて、潜在したエネルギー＝五次元エネルギーの実体を述べたものである。

その他の陽子、中性子をはじめとするすべての素粒子は、加速器の超高エネルギーにより、最後に崩壊し、さらにエネルギーを加えると物質として消滅することとなる。

四次元時空と五次元との違いは、

①十字形複素座標では、三次元空間（縦・横・高さ）に一次元の時間が加わった四次元時空は、十字の右側の右ネジ空間である。ここはエネルギーの塊である粒子の世界なので、切れ切れ、飛び飛びで、何らかの数値のある通常科学の対象となる物質世界である。

②五次元は空間にさらに一次元が加わったものだが、それは十字形座標の左側である「左ネジ空間」である。完全に波動の世界で、すべてがひとつながりのいまだ物質が誕生する前の（大元の）虚（〝物質〟に対する〝虚質〟）の世界である。ゼロ磁場とポテンシャルから成る。

車椅子の天才ホーキングは、「宇宙は虚の時間から生まれた」といったが、私は「宇宙の物質の世界は、虚質から生まれた」と主張する。

虚質の「左ネジ」は、測定しても０である。だから現在の物理学者は「虚無」すなわち０（と無限大）を嫌う。昔は、真空は０で、何もない虚無だと考えられてきた。しかし今は、「０点エネルギー」という言葉がある通り、０の真空にも虚や負のエネルギーがつまっているという最先端の科学者もいる。

とにかく、五次元の左ネジの世界は±0の世界である。詳細は後述するが、この世界では、電気成分は「ポテンシャル＝位置のエネルギー」として0で潜在している。磁気成分も「ゼロ磁場」で、電気成分が運動をはじめると、左・右ネジの接点で反転し、右ネジで物質化するまでは0である。「ゆらぎ」や「対称性の破れ」が起こって左ネジと右ネジとの結節点・中心点で反転し、物質界にあらわれるまで、＋－、NSは位相・方向性が揃って整列しているので、0としてしか観測されないから、圧力差は起こらない。ゆえに重力も0で発生していない。

すなわち、物質界の大元、左ネジの虚質界では、電気・磁気・重力はともに0で同じ数値である。これらのうち、電磁気は一次エネルギーなので、四次元時空になると、二次エネルギーの重力よりはるかに大であり、1兆×1兆×1兆倍の10^{36}倍にもなるのである。

だから、リサ・ランドール博士のいう通り、五次元では、電気、磁気、重力は同じ0なので、同一の数値でバランスがとれているのである。物質としての万物は、五次元の0から生まれたのである。

４　物質消滅の原理

リサ・ランドール博士が五次元世界を探究するキッカケとして、「原子核を構成する素粒子の中に、この世から姿を消すものがある」という問題があった。これについて、私は「粒子にエネルギーを加え（続け）ることは、物質の消滅への過程である」という「物質消滅の理論」（大橋正雄『波動性科学』でもいわれている）の実証そのものであると思う。

①原子にエネルギーを加え続けていくと、電子は内側のＫ殻からＬ、Ｍ、Ｏ、Ｐ、Ｑ殻へと飛び移っていき、さらに加えると、回転円から飛び出し「イオン」となる（自由電子の発生）。

②さらに加え続けると、陽子、中性子が崩壊をはじめ、その構成要素である中間子、ニュートリノ等に分解されて「プラズマ」となる。

③さらに加えると、次々と粒子の構成要素に分解され、ついには宇宙の最小の粒子（「プランク定数ｈの粒子」10^{-43}㎝＝後述）になると考える。

④さらに加えれば、ついに物質（渦）ではなくなり、エネルギーは発生せず、粒子も存在しなくなる。消滅してしまうのである。

二〇一三年に115GeVから248GeV（一一五〇億eV～二四八〇億eV）の間のヒッグス粒子が発見されたとのニュースがあった。これを観測したCERN（欧州原子核研究機関）の大型加速器は、1TeV（一兆eV）の容量のパワーがあるので、今後はさらにいろいろな粒子の発見があるだろう。ちなみに、eVは「エレクトロン・ボルト、電子ボルト」の略で、原子の研究に用いられる。荷電粒子が、真空中一ボルトの電位差のある二点間で加速されるときに得るエネルギーのことである。

物質にエネルギーを加え続けると物質が消滅すると考えるが、その際、加えたエネルギーを物質が吸収するのではない。ある程度までは、エネルギーを加えていくと高温高圧になって、±0の多量の重力波を放出し、ある点を超えると次には崩壊に転じ、バラバラの素粒子に分解し、最後には完全に物質としては消滅してしまう。

現代科学には0理学がないので、まだ物体である間、崩壊途中までは、一見、周波数が増大して最後にはブラックホールになるようにみえるが、実際は崩壊過程の途中の現象であるとわかる。無限の質量のブラックホールではなく、0の物質の消滅過程にあるのだ。

物質の加波・加熱現象では、物体の加波分のエネルギーを物体が吸い込んだ（そして重力が増大した）ようにみえるが、さらに加えて原子が崩壊し、素粒子レベルになると次のようになる。

電子の軌道遷移（後述）が起こって（電子が飛び飛びだということ）、加え続けたエネルギーは「位置のエネルギー」となって左ネジ空間に保存され、加波が終わると（エネルギーを加え続けないと）、右ネジ空間に加えたエネルギー分だけが「光となって放射される」（光の発生原因はこれだけ）のである。すなわち、どんなにエネルギーを加え続けても、物体や素粒子はエネルギーを吸い込むのではなく、その物体の運動が激しくなって周波数が増すだけで、運動が終わると、加えたエネルギー分だけ左ネジ空間に保存されていた「位置のエネルギー」が右ネジ空間の光となって放射されるのである。

5　日本には宇宙圧力理論があった

次に、藤川頼彦の「宇宙圧力理論」を紹介したい。藤川氏は一九〇八年生まれ、東北大学卒業後、実業界で発明に従事し、晩年に電気通信大学の研究室を与えられて、『未完成物理学――宇宙圧力理論への道程』を著した。これほど宇宙圧力を重視した学説を私は知らない。彼の宇宙圧力理論の要点を紹介しよう。

①自然界は広大無辺な空間を一つの舞台として、物理的に還元していくと、最後には有形の力学現象（結果）と無形の電磁現象（原因）とが、エネルギー保存則を共通の尺度として、

渾然一体となって自然現象を実演している。

②われわれに知られている力場には、電場・磁場（電磁場）と重力場があるが（私はもうひとつ〝ねじれ場〟があると考える）、これら保存力の場は、同時に同一の空間を占有して存在することができるので、そこに何か共通の一元的要素が内蔵されているはずだ。

③自然界の万物を素量的に還元していくと、最後に残る不変の基本量は形も構造もない〝慣性をもった最小の波動の塊〟（原子と比べると10^{-35}、千兆×千兆×十万分の1のプランク定数h粒子10^{-43}㎝である）だけである。これだけは、新しく生ぜしめることも滅せしめることもできない。真の「絶対」の実体は、hにさらにエネルギーを加えてプランク定数hも消滅した状態であろう。絶対とは、すべてが溶けたように一体で対を絶した状態のことである。

④このhの状態のとき、自然現象の第一号として最初に生ずるものは何であろうか。慣性物質の運動量交換により〝圧力〟という単一解がでてくる。自らの運動量によって他を圧することができるだけである。

⑤ここに生じた宇宙圧力の勾配から、電気力・磁力および重力の三大自然力が導き出される（まことに正しい。圧力差なしには現象は生じない）。

⑥重力場がある以上、これが振動して時間的に変化して重力波が存在するであろう（原子の中では、＋－電荷が重なり合って±0電磁波に変成する。すると0振動によって0の波が

重力波となり、斥力となって放射され、その分低圧になった原子内に吸引作用が起こる。これが重力である。すなわち重力の原因はこの高圧部から低圧部に向かう圧力差である）。

⑦粒子の振動によって発生する重力波は、単独に存在するものではなく、場が時間的に変化する場合、電場、磁場、重力場が勢揃いし、電磁振動と組みあわされて存在するであろう（その結果、斥力としての±０電磁波の波として）。

⑧光を伝える宇宙空間は（五次元の）超流体であるから、波動を伝える弾性（外力を加えて変形させようとしたとき、それに逆らって元へ戻そうとする性質）は、宇宙圧力をぬきにしては考えられない。

⑨一個の運動体は直線運動だが、たくさんの運動体があると衝突運動が起こり、その自由経路が小さくなったり中心がずれて衝突すると、「回転運動」と、流体（液体、気体）では「渦」が生じ、これにより中心力を有する重力場が生ずる。このとき、宇宙圧力の下で天地が分かれ、波動の塊である重力物質、すなわち粒子的物質が誕生する。これこそが左ネジ↓次元の接点としての中心点•で、反転↓右ネジへと推移する、物質誕生の現象である。

さらに藤川説ではいう。

①宇宙膨張説は宇宙圧力の存在を意味する（従来は宇宙圧力を十分に考えなかった）。

②ニュートンの万有引力の法則からすれば、引力は吸引だけなので、宇宙は収縮するのが

本当である（何らかの圧力があってバランスをとっているはずである）。

③昔の人の考えた宇宙や地球は、局部的で表面的だけの針の穴から天をのぞいたものであった。これと全く同じような偏見が今も繰り返されている。

④宇宙は膨張だけをしているのではない。自圧によって膨張しようとしているが、他と釣りあって平衡しているのである（全く正しい）。自然には、一点の無理も矛盾も、一方的な不合理はない。もし不自然なアンバランスがあれば、無限の時間が与えられている宇宙自然は、とっくに自然淘汰され崩壊しているであろう。

たしかに成因をみればわかるように、電気、磁気、重力は、根本原因は電磁気で、その結果重力が発生はしているが、一点を共有して一体化し、同時（共時）に生じたものである。どれか一つを取り出すことなどは不可能である。

すでに超古代の日本人（カタカムナ人）は、宇宙現象は「電気素量、磁気素量、力素量」が基礎となって成立していると直観していた。

また、左ネジの虚質「0イコール無限」の、一見「絶対無」の世界から、右ネジの物質の「有の世界」への反転を言葉であらわすと、左ネジが「カム」（すべての力が全部同じなので、現象がないムである）で、右ネジが「カミ」（その力が宇宙として分離して〝ミ〟をもった）というようになる。宇宙は「カムから生じたカミが展開した世界」なのである。

第三章　複素十字形座標から浮かび上がる宇宙の姿

1　複素十字形座標と「カタカムナ」との共通性

これまで述べてきたことで、大体の右ネジ・左ネジによる「複素十字形座標」のイメージはつかめたと思うが、さらに細かくみていきたい。

カタカムナ的にいうと、宇宙の物質はすべて右ネジ（現象）と、中心点・で反転した鏡に映したような鏡像関係で、右ネジが右回りのときは、左ネジは反対回りの左回りというように、常に右回りと左回りとの「互いに反対回りのペア」をみているのである。

しかし、「右ネジ」は何らかの数値が姿形としてあるのでわかるが、「左ネジ」の方は、左右が全く同じ数値で±0なので目に見えない。すべての右と左との反対回りの波動が重なりあい打ち消しあって±0になっているからである。「メビウスの環状」で、左・右ネジ一対の回転は、「左回りの回転↓反転↓右回り回転」というように、常に鏡像関係にあるので、左右一回ずつ回らないと一周したことにならない（左右二回転でスピノール一周という）。

2 「0理学」と同じ科学理論が「カタカムナ」である

私は現在、「0理学」に基づいて新理論を提唱している。今の科学では「0」と「無限大∞」は御法度で、これは思考の枠外だとして、考察を止めて考えないようにしてしまう。

ところが私の考える科学は、0理学の究明が出発点である。0はどのような状態かというと、±0、NS0、二つの対立概念が重なり打消しあって中和した概念である。ポテンシャル＝静止状態で潜在するということを足がかりにして、「無限大」ではなく「無限」(現象的には全く何もないが、だからこそ、そのパターンやモノがすべて同時に潜在している)から出発した理論である。

十字形の座標(複素十字形座標)を中心にして、右側が「現象の世界(四次元時空、右ネジの世界)」である。左側はそれと対称的な「潜在(潜象)の世界(五次元時空、左ネジ、0の世界)」である。これは鏡像のように左右が反対である。「右の物質世界」と「左の虚質(虚像)の世界」が、常に一点を共有して左右相似の状態で存在している。

左ネジの世界は、常に数値的には0である。しかし何も存在しないのではなく、±0、NS0なのであり、右ネジの現象は、すべて左ネジの潜象が大元となって、この相似数が物質として現象するのである。

今の量子論では、ミクロの物質世界では、「不確定性」と「確率論」が基本となっているが、0理学における現象界と潜象界が「相似」の天然・自然観では、「不確定」とか「確率＝偶然説」は成立しない。

なお、潜象の世界は、現象の鋳型、元型、ひな型を宿した「形体形成場」（シェルドレイクの説）で、常にこちらが大元だが、この場は、粒子（物質の元）性は全くなく、波動性なので、0＝無の世界である。0＝無の世界は元型としての虚像しかもっておらず、確固とした粒子性・物質性がないので、微小な振動や小さなゆらぎ（今の科学では「0点振動」という）があり、波動性だけのために「不確定」「確率的（偶然）」にみえる。

一方で、右ネジと左ネジは「メビウスの環」状態なので、0＝無限の左ネジ世界にゆらぎやアンバランスが起きると、ただちに「メビウスの環」の左ネジから、両者の中心点を通って右ネジに反転して物質として現象する。だから左ネジでまだ元型のときは、不確定で偶然で虚像にみえるが、左ネジからの反転は何らかのゆらぎが起こると瞬間的に起こるので、右ネジでは確固とした物質として現象（量子より大きな層、原子以上における変化）が発生するのである。

1　私の複素時空

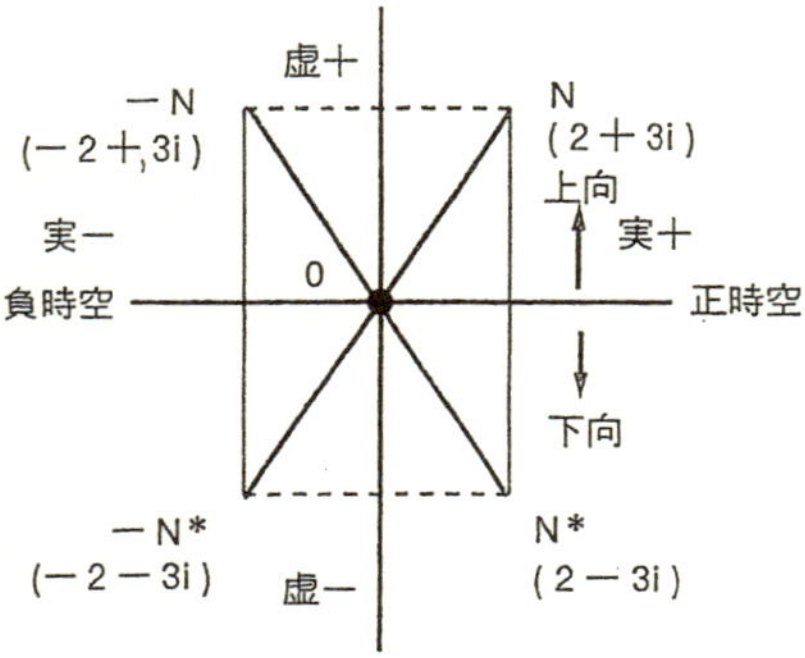

2　正逆ポインティングの法則
『科学はアインシュタインに騙されていたのか』より

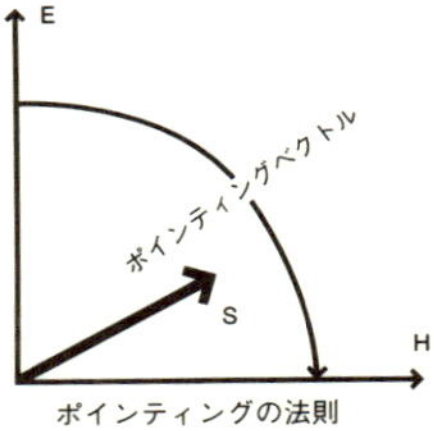

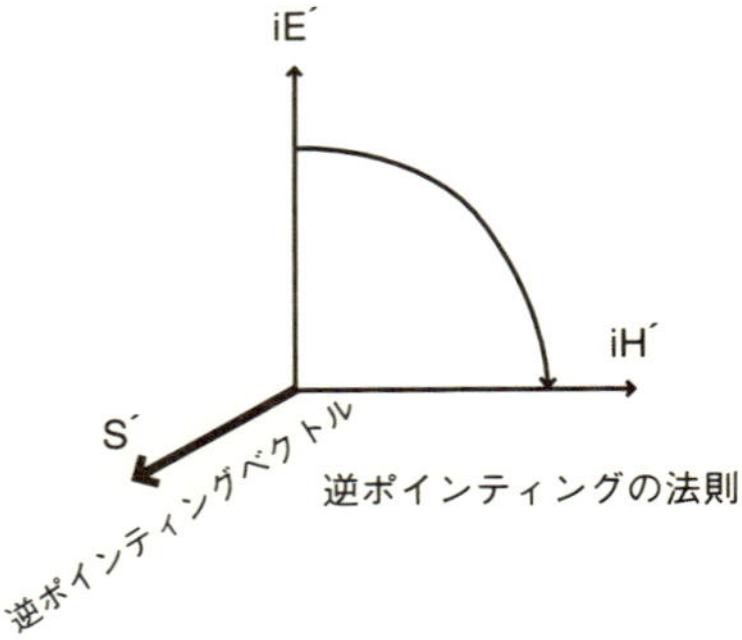

複素空間図

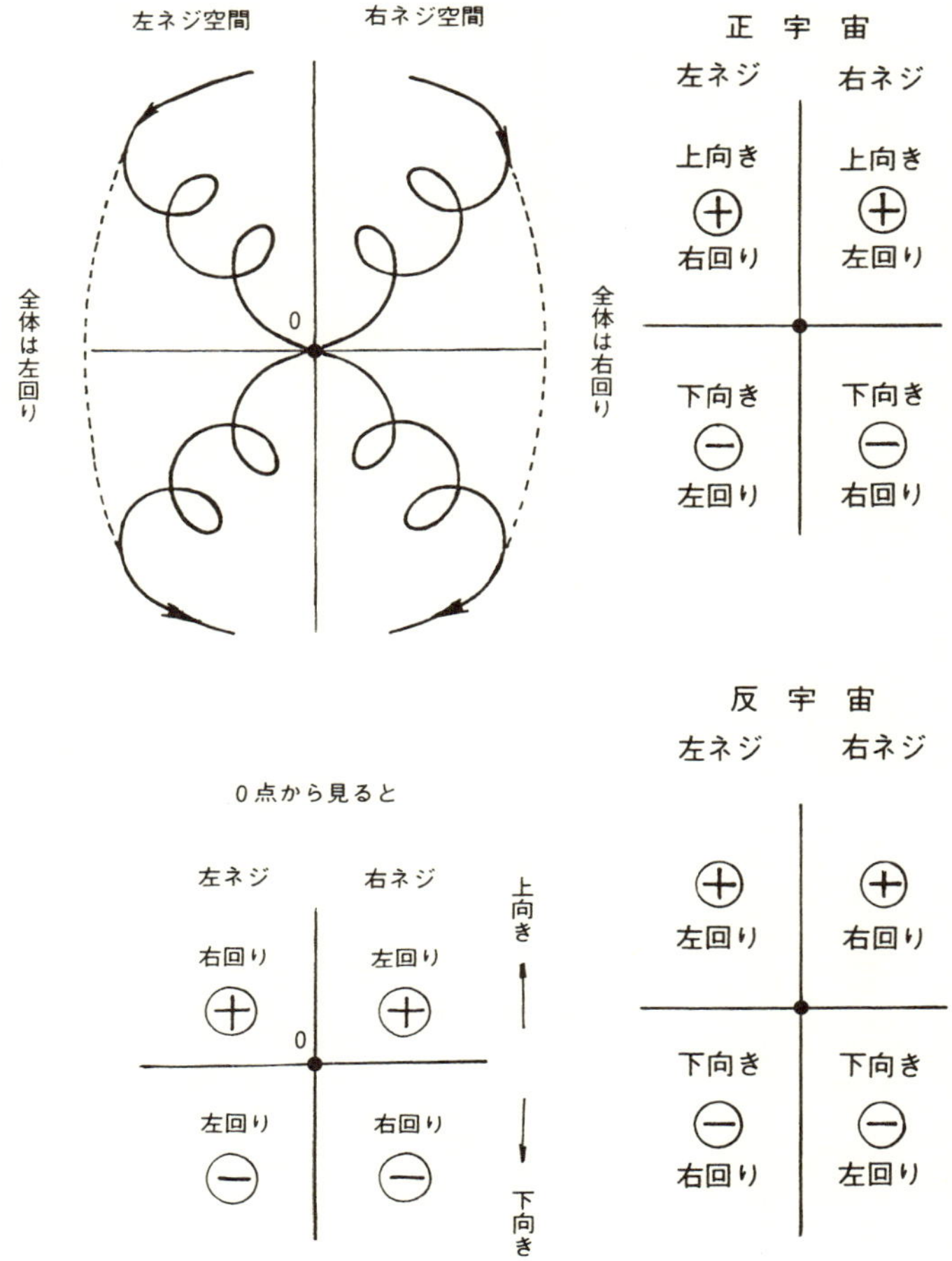

私の考える複素宇宙の構造

とにかく現在の科学では、0、無限、現象と潜象、現象は左ネジ（虚像）から右ネジ（物質）へ、複素十字形座標（単なる実数と虚数との数学の概念としては存在するが、物理学＝宇宙の根本原理とはなっていない）等は存在しない。

では、大昔にこのような考えはまったくなかったのだろうか。いや、たしかにあった。しかもこの日本の超古代に存在したのである。

それが「カタカムナ」の宇宙観・科学観である。これは0理学とピタリと一致している。「カタカムナ」の「相似象」は、神秘思想による宗教でもなく、物質の解明だけの科学でもない。宇宙と自然の真相を、全く別の視点、角度から、自然界を支配する天然界の物理の奥まで考えて大元を明らかにする学である。

①すべての現象（四次元時空）は、常に潜象（五次元の潜象）とペアである。左ネジの虚像である潜象と相似の元型が、左ネジと右ネジとの境である中心点•で反転して、右ネジの物質界に現象する。

②今の科学では、宇宙のはじめに、物質界・正空間に発生した正物質と反物質が、正物質の方が少し多かったために、正物質の宇宙ができたといっている。しかし、これは正宇宙の正粒子と反粒子、たとえばマイナス電子とプラス陽子の「粒子の対発生と、＋－の消滅」のことであって、正反物質の消滅ではなく、正宇宙における正粒子と反粒子が出合って対消滅

することである（すなわち正反粒子の対発生と対消滅のこと）。

正物質というのは「右ネジの正反粒子」であり、反物質というのは「左ネジの虚の世界」、強いていうならば、「逆正粒子と逆反粒子」（もちろん出合えば消滅するが、そもそも非物質の存在なので、右ネジ空間の人間にはその存在がわからない）のペアのことである。宇宙の理では正反物質は表裏一体で、発生時には必ずペア（表裏）である。

また、相似象というのは、正と反は表裏一体、同じ数値のはずである。今の科学には「見える世界が正」「見えない世界が反」と右ネジは「右回り－、左回り＋」という発想がない。

楢崎は「表の物質、たとえば放射能を無力化するためには、その裏の反電磁場の物理を正しく理解すればよい」と考えた。「アマ（宇宙球）」の生成したものは必ず還元するので、たとえば粒子の回転方向を「発生の方向」から「還元の方向」へ逆回りさせる技術を発見できれば、「核エネルギーの還元（正反対向させる）による消滅も可能だ」と唱えたのである。

そのほか、モノの成り立ちを今の科学のような「粒子性」でみず、「波動性」からみて、その調和がとれた健康な状態をつくることに努力した。「人体波」とか「植物波」といった波動的な視点を志向した。

③二千数百年前から、宗教において造物者、絶対者、宇宙の主宰者とみなした「カミ」「ホトケ」については、まだ思考が不十分であるというのが「カタカムナ」や楢崎の見解である。

「カタカムナ」では、宇宙現象が現象界最高の「カミ」の思考より発生したことは認めるが、その大元・裏では「カム」が存在しているという考えである。

易では「太極＝一」から宇宙が転回していくというのが常識であるが、前三千〜五千年に仙道の始祖といわれる伏犠《ふっき》によって導出されたという「陰陽論のさらなる根源」たる「無極＝0」は、宋代の道学者・周敦頤《とんい》の新しい解釈による概念である。西田幾太郎の「絶対矛盾的自己同一」も同様の概念である。

しかし「カタカムナ」による「カム」は、「カミ」の前に、「カ」（すべての「力」）の「ム」すなわち「カム」（力のすべてがあると同時に、何の変化もケジメもないのでム〝無〟の状態。私が考える「宇宙のさらなる根源」である。「0＝無限」、すべてが同じで何もないから「カム」の状態である）の状態であるというのである。

それに「アマウツシ」がある。「アマ」は「カム」が「カミ」（力がミ・身をもって「宇宙が生まれた状態）となり、その結果「カム」の「無限」の一角にゆらぎ・変化が生じて「宇宙球・アマ」が、無数の星雲団から成る大宇宙の一角に、その一つの星雲団である「われわれの宇宙（無数の銀河系からなる）」が発生したということである。「アマウツシ」とは、潜象のアマの中に潜在している形態や波動が共鳴して、現象物質にそのまま転写される、という万物の成り立ちの神髄のことである。ここには「不確定性」とか「確率的（偶然）」という発想は一切ない。すべては「あるがまま」「なるがまま」であり、「アマ」が分化して「アメ」→「マリ」→「ミツゴ（電気・磁気・重力）」→モロコ（生命質系のイキシマと物質系のツシマ）となっていくという「ヤマト言葉による日本語」で、宇宙成立の基本原理が説明されている。前四〇〇〇年より前の上古代（超古代）にこの理論が存在したのである。

楢崎が解読したこの「カタカムナの物理」は、０＝無限を根源とする宇宙の誕生と展開を解いた「０理学」と全く同じ、現代科学とは「別のもの」である。０理学を評価する人は少ない。ほとんどの科学者と一般人は「今まで聞いたことがない」「学校で習ったことがない」ので、「科学常識と違い、間違いがあるにちがいない」「壮大なドグマであろう」「このようなことは思ったこともなく、考えたこともない」と、反感を抱き、無視している。

しかし、数千年、場合によっては数万年も前に、「カタカムナ」のような考えが常識であった時代があったのである。

３　メビウスの環状の回転

現在、物理学における研究の対象は、大きい宇宙はアインシュタイン、星から通常の物質はニュートン、ミクロの分子、原子、素粒子は量子力学の理論というように、対象によって三つの理論があるといわれている。

量子論には、日常の科学常識と異なった多くの現象があるが、「スピン」は量子論における粒子（素粒子）の回転（自転）運動のことである。

日常の回転は、地球や星の公転から物体に至るまで、一方向（たとえば右回りは右回りだけ）、一回転である。

ところが量子（素粒子）は、常にメビウスの環状に、「左右対称の位置に、左右の円を、右回りと左回りのペア（陰陽電子対という）が回っている」という。たとえば、はじめに右回りである方の電子がメビウスの環の中心点で反転し、今度は左回りになって一周するのがスピン1（スピンの一周）だというのである。

左回り、右回りで計二周するのがスピンの一周期だという理由は、①はじめの一周は、磁気的には上がN、下がSである。②ところが反転すると、上がS、下がNに反転してしまう。だから、上N一周＋上S一周計二周でスピンの1が成立するのである。

このようなスピンのことを「スピノール」といい、量子のスピンは、すべてスピノールによっておこなわれる。このように、上N（＋）と下S（－）のエネルギー圏を計二周して「スピノール1」となる粒子のことをスピン$\frac{1}{2}$の粒子という。

自然界には、原子や陽子、中性子、電子等のような「スピン$\frac{1}{2}$」（スピノールによって左、右計二周しないと一回転したことにはならない一つひとつの粒子を中心に考える）のほか、「スピン１」光子（光）と「スピン２」の重力（重力子）とがある。

「スピン１」とは、光のように「陰陽、＋－電子対」として、右ネジ空間だけの左・右スピンを一体と考え、全体を一としてスピンを考える（粒子の一つひとつではなく、対の波動全体を基本にした考え）。

「スピン２」は重力である。±０は＋の粒子と－の粒子の対向（向かい合い）である。この±０の対向（反対回りの対向、メビウスの環そのもの）を一単位とすれば、左ネジと右ネジの波動が一対で一つの波動とみなされるから、メビウスの環の二周が完成するのでスピン２となる。

　このスピン$\frac{1}{2}$、１、２の問題の答えは、現在の科学界では、いまだ明快な証明はなされていない。

　私の「複素十字形座標」と数学の「複素数、実数の他、虚数が入った座標」の形は基本的に同一である。虚数iはi^2するとマイナスの価になってしまう。数学で「マイナスという概念」について、「モノの数量が減ってしまうこと」と考える人もいるように、虚数の内容は十分に定義づけられていない。ただ、量子力学では、シュレディンガー方程式のように必ず

である。

より、実際に使用すると計算がうまくいくために使うことにしようと決めているのが現状で

iが出てくる。数学的意味の説明を別にして、出てくるiは計算に必要なので、意味の分析

私は「虚数」の世界は次の通りだと考える。

①数学的にはともかく、物理的には実体（＋－が溶けて一体化したような±０の世界）があり、これなしには天然・宇宙・自然は説明できない。世界は「見える世界」（実質、物質の世界）と「見えない世界」（虚質の世界）とのペアから成る。

②物質の発生する原因はただひとつ。「虚質のゆらぎ」（虚質が±０の原因界である。ゆらぎが起こる前は、±０の位相と方向性が上下、左右揃っているので何の現象もない。何もないからすべてが内在している）の発生で、虚質（すべてが波動で一体化）のアンバランスが生じた一角に現象が発生する。ゆえに現象界の原因界は左ネジの虚質である。

③ここでいう「虚質」は「カタカムナ」では「潜象界」である。そして「物質界」が「現象界」であって、常にこの対は鏡像関係である。

④したがって、＋と－は、回転（自転）が右ネジの場合は、上からみて左回りのとき＋で、物質化が起こる。右回り－の場合は、潜象界で±０の状態で、潜在エネルギー（ポテンシャル＝位置のエネルギー）として保存されている。

すなわち、すべての場合、回転・自転・スピンの方向によって、現象界（右ネジ）と潜象界（左ネジ）がペアとなって存在するのである。

⑤現象界の物質は、常に潜象の±０の虚質から「ゆらぎ」、物理学的には「対称性の破れ」によって発生する。これが「カタカムナ」と「現代最先端の物理」との違いである。

複素十字形の十字をタテに見ると、①右側は、四次元時空（タテ・ヨコ・高さ×時間）で、「右ネジ」、「物質の世界」、何らかの数値のある世界である。すべて質量をもった物質の世界である。②左側の真ん中上下の線の右左の左側は、五次元（右ネジより一次元上の世界）で、虚質の物質の全く存在しない±０の世界、すなわち「虚質の世界」である。

左側の左ネジの虚質（左ネジの一角のアンバランス・ねじれの発生により）が動くと、ただちに次元間の中心点•で反転し、右ネジの物質となって現象する。左ネジが右ネジとの「相似象」の鋳型、元型、ひな型だからである。

次に「右ネジ」「左ネジ」だけをみると、虚質と物質のタテ軸（虚軸）を横切る横線によって四空間が仕切られている。

この区画のうち、タテ軸の右ネジの$+i$に対応するものを、•より上の右旋（上向き↑）という。

右ネジのうち右旋の•より下のiの軸は左旋（下向き↓）という。

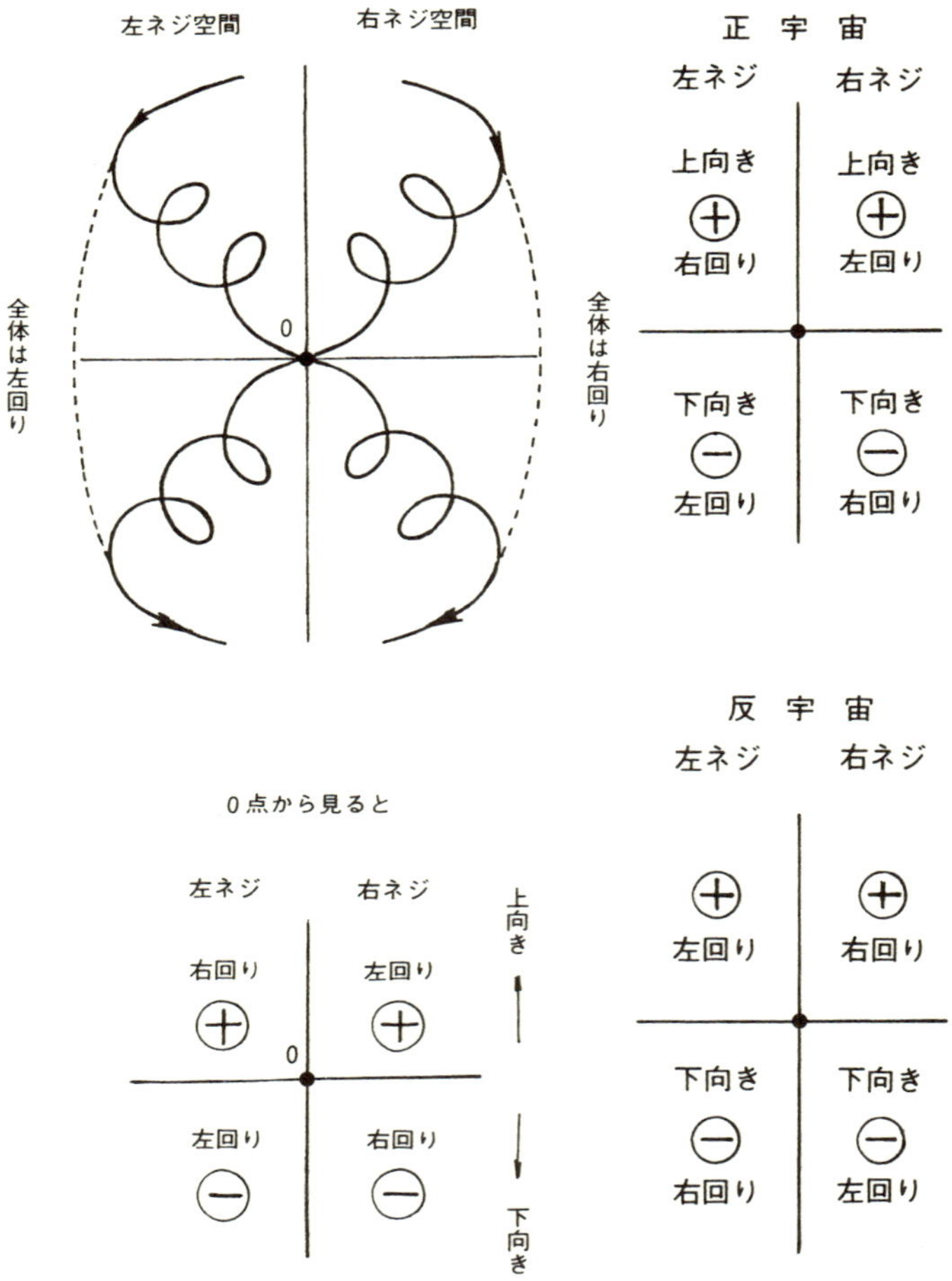
左ネジ空間
右ネジ空間
全体は左回り
全体は右回り
0
正　宇　宙
左ネジ
右ネジ
上向き
⊕
右回り
上向き
⊕
左回り
下向き
⊖
左回り
下向き
⊖
右回り
0点から見ると
左ネジ
右ネジ
右回り
⊕
左回り
⊕
0
左回り
⊖
右回り
⊖
上向き
下向き
反　宇　宙
左ネジ
右ネジ
⊕
左回り
⊕
右回り
下向き
⊖
右回り
下向き
⊖
左回り

右ネジと左ネジ空間

複素十字形をタテとヨコに二分し四つにしてみると、①右ネジ＋（↑）左旋＋。右ネジ－（↓）右旋（上から見て）↓となる。中心点•で反転するので、②左ネジは、$+i$（↑）右旋、右ネジ$-i$（↓）左旋というように、回転方向が逆になっている。

この右ネジの、↑＋左旋と↓－右旋（左ネジは↑＋右旋、↓はi左旋である）は量子論的物理の基本中の基本となる。

右ネジは物質の世界、左ネジは虚質の世界だが、その虚質の物理的実体は何かというと、ホログラフィーによる「ホログラム」が最もよい例である。（174ページの図を参照）フィルムを前に置いて、レーザー光線で電子線を二分し、フィルムに向けて、レンズのないカメラから、分けた光の一つを直接フィルムに（参照光）向け、もう一つを半透明の鏡によって対象の物体、たとえばリンゴへと向けて反射させ、フィルム面で干渉を起こすと、フィルム上に渦巻型の干渉パターーン（ホログラム）ができる。

次に、「ホログラム」のフィルム面に参照光を照射すると、「虚像としてのリンゴ」が空間に浮かび上がる。これは五次元の話であって、「物質や現実は虚像なのか」と心配する必要はない。五次元では虚像であっても、次元間の中心点•で反転すれば四次元物質となるから、われわれが見ているものはすべて実像である。この虚像の世界こそが「左ネジの五次元世界」なのである。

以上のメカニズムで、左ネジの±0にして虚像である、見えない世界のパターンを鋳型として、次元間の中心点•で反転することによって、物質の世界が確固としたものとして現出してくるのである。

こうした考えによれば、「カタカムナ」文献は、ほとんど私の「0理学」と同じ視点から見ることができるとわかるだろう。

私がいう「右ネジ」と「左ネジ」の対向は、「カタカムナ」の現象と潜象の対向と全く同じである。「カミ」「マリ」(宇宙)が大元ではなく、「カム」(力がすべてあって、モノは何もない)が根源であるというのは、私がいう「0＝絶対」そのものである。

宗教はたった二千数百年の歴史しかないが、「カタカムナ」は一万年近く、いや、それ以上前の超古代の叡智である。ゆえに全く宗教臭や秘教臭がない。よって、一つひとつの細かい宇宙現象に「カタカムナ」特有のことばで説明を補強すればよいのである。(46ページ「カタカムナ直観物理」の用語を参照のこと)

第四章　±0電磁波とねじれ波

1　0理学でどのようなことがわかるか

今まで述べた0理学で何が解明されるのか、列挙してみよう。

（1）重力は、原子内の電磁気空間と、原子のまわりの圧力差で発生することによる、二次的電磁気効果であることがわかった。いまだ重力の発生原因を解明したものはいない。そのほか、ニュートリノは左ネジの潜在した電磁気成分であり、ヒッグス粒子とクォークは左ネジの磁気（ゼロ磁場）成分、ダークマターは右ネジの＋－プラズマ（通常のプラズマは＋陽子と－電子とでできたプラズマ）である（詳細は後述する）。

（2）ニュートンの古典物理学でいう「絶対時間」「絶対空間」は、二〇世紀の科学者・アインシュタインたちによって、「相対時間」と「相対空間」の方が正しいということになった。しかし、ニュートンは、常に同型で不動の「絶対空間」とわれわれの感覚により規定されるので不動ではない「相対空間」（一人ひとりの感じ方が異なる）とを考えていた（「絶対」と

「相対」との対向)。

また「外的な何者とも無関係に、一様に流れる絶対時間＝宇宙時間」と、感覚的で外的な測度としての「相対的時間＝各個人が感じる主観的な時間」をニュートンは区別している。ニュートンの時間・空間は「絶対」と「相対」を両方とも含んでいる。私はニュートンの方に軍配をあげたい。

宇宙の全体は「宇宙時間＝絶対時間」が、個人は「相対時間」が存在する。空間は個人的・主観的な「相対空間」と、常に同形で不動な「絶対空間」が、全宇宙からみた時空とともに、個人的、主観的な時空と併存しているのである。潜象と現象の対向は宇宙の基本原理である。

だから、「カタカムナ」でいう「片・片」であって、本来は「絶対と相対との対」からできているのに、片方の「相対」だけでみた、観測者・個人の主観的物理を新発見だとして賞賛し、アインシュタインを二十世紀科学における「科学の神」として奉っているのである。

いまやアインシュタインの理論は、何の矛盾や誤りもなく、理論は絶対であるということになっている。アインシュタインの理《ことわり》で構築した理論は当然そうなるのだ。
(3)今の科学では、計算の途中で「0」と「∞無限大」が出てくると、それ以上の思考を停止して、何も考えなくなってしまう(排除してしまう)。
しかし、0が出たということは、右ネジだけではなく、左ネジを常に「片・片で(左ネジと右ネジとのメビウスの環の一対である二）が重なり合い、打ち消しあって、その結果出現した0によって、宇宙の粒子は成り立っている」という「0で成り立つ世界」の存在を認めれば、難なく左ネジの0空間こそが科学にとって必要不可欠のものとして、右ネジの大元として認識することができるのである。

また本来「∞無限大」は「無限小」に対する言葉である。科学者がいう0と無限大∞は大小の極限の値ではない。「無限大」の対の語は「無限小」である。これは単位は別として「1の1/∞」を「無限小」、「1の∞倍」を「無限大」という「相対概念」である。あくまで「1の1/∞、∞倍」という、「測定の基準の1」が必ずなければならない。

本当の「0」は、ここだけは対を絶した「絶対」である。ここには＋－の対となるような数はまだ発生していない。基準となる1は対を絶しているから存在しえない。すなわち「無限」のことである。だから実際は、「無限小と無限大」という相対的大きさと、時間的には「無限小の時間と無限大の時間」という相対概念から成る。

しかし「0」と「無限」は対を絶している。「カタカムナ」の「カム」の世界である。この「カム」と「カミ」（カムがゆらいで、その部分がカミに成る）との対向によって、アマ（大宇宙）ができると、カミ以下すべてが相対的な「無限大と無限小の世界」に成る。

ここでいう「成る」とは、人工的、加工的になるのではなく、「天然や自然が上位次元（究極はカム↓カミから、自然と〝成る〟こと）なのである。ここには不自然は全く存在しない。

ここに内蔵されているのは、われわれからみると、すべての情報・鋳型・元型である。低次元のすべてのものは、上位次元に過去・現在・未来（未発のもの多数）の自分や、その物自身のもっている波動（鋳型・情報・欲求）と共鳴して、四次元時空に現象してくるのである。

その上位次元の鋳型と共振するための場（点）はどこだろうか。万物はメビウスの環状の∞である。渦状でラセン状である。この渦の中心・は∞である。数学的には複素数にも∞は考えられていないので∞である。

私は、この中心の・のない図表では、左右、上下、表裏とのつながりを欠くので、真の0と無限には絶対到達不可能であると断言したい。日本古来の道でも、中心点は・（マルチョン、ホチ等）といい、エネルギーや力の反転する場であるといわれてきた。「・（マルチョン）なき同種の中心点は、ゼロと絶対の動きがない真のゼロと絶対との会合点のない図表にすぎない」のである。

（4）モノを「粒子性」とみるか、「波動性」としてみるか。現在の科学は「粒子性」を基本としてみている。すべては粒子で、名前のうしろに「子」がついている。光子とか重力子とか、すべてを「ナントカ子」としてみている。

しかし、すべての基本は「波動性」にあり、粒子というのは、「ヒッグス粒子」や「クォーク」（ニカワのような膠着子といわれている）＝「磁気成分」によって固められた（波動の塊を固めた＝水の性能をもつ）ものが「粒子」であるからである。

（５）この波動性から世界をみると、宇宙は波動の極小から極大まで、整然とした10^5（10万分の一と10万倍）の比例関係（フラクタル、大きいものも小さいものも同型で階層をつくっている）にあることがわかる。

２　プランク定数ｈの正体

十九世紀末までは、ニュートン物理学の絶頂期であった。機械論的自然観によって、太陽系はニュートン力学ですべて説明できる。世界は数、位置、動きなどの一義的な客観的性質に還元され、徹底的に測定された。科学に残された仕事は、小数点以下の数字をふやして計算の精度を上げていくことだけであるという超楽観論が支配していた。

ところが二〇世紀に入って、それ以前の科学に暗雲がたちこめ、すべては古典物理学ということになって、巨視的物体にのみ有効で、微視的物体の世界には量子論、宇宙全体には相対性原理の方が有効ということになった。とくに否定されたのが、ニュートンの「絶対時間」

と「絶対空間」で、「デカルト（機械論）・ニュートン・パラダイム」といわれているものであった。

一九〇〇年には、そこまでの自覚はなかったが、プランクによる「プランク定数h」の発見によって、二〇世紀の科学「量子論」が幕を開けたのである。さらにニュートンの「絶対時間」「絶対空間」を否定することによって成り立った、アインシュタインの「相対論」も華々しく登場した。

量子論の方は、すべての現象は「連続的に起こる」ことを自明の前提としていた。ところがプランクは、黒体（すべての放射を完全に吸収する物体）の研究をしていた。黒体をつくる磁器の内部で放射が行なわれると、その輻射エネルギーは「連続的な値をとらないで、〝飛び飛びの値〟をとる」ことを発見した。

このことによって、プランクは、一般にある振動体から輻射されるエネルギーは一定の単位の整数倍の値をとり、この不連続な値は「E＝hν（エネルギー量子＝h×振動数）」であるという簡単な式であらわされることを発見した（光量子仮説）。

ここで私は、「今はプランク定数hを『理科年表』で計算するのは難しい」という理由を明白にしよう。

一九九八年を境にして、それ以前はＣＧＳ静電単位系（㎝・g・sを単位とする）であったのが変更されて、一九九八年、メートル条約により、国際度量衡から発行されたＳＩ国際文書第七版に基づいて、一斉にＳＩ国際単位系（m・kg・s秒）にすべての科学の基本単位が変更された。

私は二冊（一冊はＣＧＳ単位の一九八七年版、もう一冊はＳＩ単位系による一九九九年版）の『理科年表』をもっている。

一九八七年版におけるＣＧＳ単位系の『理科年表』では、仕事量の単位としてエルグが「エネルギー換算表」に書いてある。$h=6.6260755\times10^{-27}$ erg/sであった。ところが、ＳＩによる一九九九年版にはエルグは書かれていない。エルグ（ＣＧＳ単位）がジュール（ＳＩ単位）に変わり、今までの㎝の仕事量がmの仕事量に変わったのである。つまり、エルグの6.6260755×10^{-27} erg/sが、ジュールの6.6260755×10^{-34}/sに変わったのである。エルグとジュールの差は、$1\mathrm{J}=10^{7}$エルグなので、上につく6.6260755は両者同じだが、ジュールは10^{-34}、エルグはその10^{-7}の10^{-27}となるのである。

定数hは、ＣＧＳ単位によって、エルグを根元としてできた数なので、どうしてもこの方がすっきり「エネルギー換算法」だけで解くことができる。その点、一九九八年以降「m・kg・s」によるＳＩ単位、しかも仕事の基本単位のところが、エルグではなくジュールになっているため、換算はもちろん、私がいう「エルグのエネルギー量」は計算できなくなってしまった。

ＣＧＳ単位によって解くと、

①$h=6.6260755\times10^{-27}$ erg/s（10^{-34} J/s）

昔の年表には「エルグ」が「換算表」にはっきりと出ているので、それから出発したが、今は、エルグは記載されておらず、ジュール10^{-34}が記載されているので、ジュールからエルグへ換算記載しなければならない。

②$Hz=6.6260755\times10^{-27}$ erg/s＝（10^{-34} J/s）

Hz（ヘルツ）とは、一秒間にエネルギーが一回転することである。仕事量（エルグやジュール）とは「一秒間に、これこれの仕事をする」ことである。ここでは「秒」という単位が必ずしも必要でないかもしれない。

さらに「一定量のエネルギー」だったならば、どうだろう。たとえば、同じエネルギー値であっても、素粒子なら10^{23}（千兆×一億回）回転、地球なら一年間で一回転、銀河系なら太陽系のところで二・三億年で一回転するはずである。だから秒は不要である。

決定的に大切なことは、「一回転のエネルギー値は常に１Hzである」ということである。同じ量なのである。その結果、エネルギー値の場合は、「一秒間にいくら」というような「時間の単位」は不要なのである。

同じ1Hzでも、地球の一周と電子の一周の場合、電子（小さいもの）の方が、一cm大の物体（大きいもの）より10^{23}倍、エネルギー発生量が大きいのである。

さらに換算表を見ていくと、

③$h=Hz=4.135692\times10^{-15}$eV（エレクトロン・ボルト）

1eVとは、荷電粒子が真空中で1V（ボルト）の電位差のある二点間で加速されるときに得るエネルギー値で、まだ「二点間のところに」仕事量の性質が残っている。しかも1eV＝1Vである。こうなると、全く時間の要素は含まれていない。一秒間に一億回回ろうと、一年間に一回回ろうと1Hzは1Hzである。

電子でも銀河系でも、「hは一周のエネルギー値」のことで、常に「約4×10^{15}V」なのである。この法則によって、「大きいものも、小さいものも、形や広がる角度が同じものは同形である」という「フラクタルの原理」、「相似性（相似象）」の原理が保障されているのである。

hの大きさ（回転半径）もわかる。「エネルギー換算表」（一九八二年版）で、「1^{-1}cmに存在する波数がいくらあるか」がわかるのだ。波長といってよいであろう。

一エルグ当たりの波数は約2×10^{-16}cmである。そしてhは一エルグの約6×10^{-27}エルグなので、

④（1.98645×10^{-16}cm）×（$h=6.6260755\times10^{-27}$erg）は、約$10^{-43}$㎝になる。この「約$10^{-43}$㎝が、「プランク定数hの大きさ」である。物質の最小の大きさである（物質化の極限）。

hが10^{-43}㎝だということは、私以外にも、『波動性科学』の大橋正雄氏が計算方法を発見している。現在の定説では、物質の大きさの極限は「10^{-33}㎝のプランク長」で、これより小さくなると物質界に存在できない（消滅してしまう。ブラックホールに呑み込まれるわけではない）ことになっている。

ちなみに、プランク長とは、宇宙の基本定数を組み合わせた式から導入された考えである。その式は$\sqrt{Gh/C^3}$である。しかし、「重力」と「h」の本質（発生原因）が不明のままでこのような簡単な式をつくっても、実際と答えが違ってくるのは当然のことである。

3　未知の斥力としての±0電磁波

定説では、重力は「引力」だけで「斥力」はないということになっている。また「未知の斥力現象・ダークエネルギー」と「引力現象・ダークマター」の本質もわかっていない。「0理学」と「カタカムナ物理」が、同一思考による現代科学とは別の超古代の叡智をあらわしていることはこれまでに述べてきたが、まさにこれらが現代科学の盲点を突いた最大の問題点であったのだ。

地球や宇宙で、人や物が直立して（反重力では不可能な）地面に対して立っていられることとは、重力のおかげである。これは、引力とペアの未知の斥力と反対方向への力が働いてバランスがとれている、すばらしい力である。

ただし重力は、電磁波のような一次エネルギーではない。舞台は原子の中にあり、＋陽子も－電子もはげしくスピン運動をしている。すると、原子内では＋－が中和して±０電磁波に変成している。±０になると、原子内の激しいスピンにより発生したエネルギーはどこへ行くのだろうか。原子内からは±０であって、熱もエネルギーも出てこない。今まで激しく運動していた運動量はどうなったのだろうか。次から次へと中心から涌き出す±０原子内は、まわりに対して圧力小となり、周囲は相対的に高圧部となる。

するとまわりの高圧部から、原子の低圧部の中心に引力が発生する。ちょうど「押しくらまんじゅう」のように、原子内の低圧部へまわりの高圧部からの押す力により、±０電磁波になった原子の中心部からは、±０の波は原子から「斥力」として宇宙空間へと放射されていく。

これこそが、ニュートンの、「作用・反作用の法則」、「カタカムナ」の科学の「アマウツシ」（発生）と「アマカエシ」（還元）の法則である。

エントロピーにたとえると、その「増大」は一方的に「無秩序になる」こと、これだけが宇宙の法則だといっているが、「エントロピーの減少」（反エントロピーのことで「還元」のことである）は生命エネルギー現象において、可能だということになるのである。

私は、非生命現象であってもA・B地点から逆向き・対向的（向かい合いの関係）に同じ量の＋－のパワーを衝突させて干渉させると、±0になって、エントロピー増大の状態が反転して消滅することも知っている。これを放射性のゴミや普通の汚染ゴミや物質に放射すれば、これらのゴミの処理ができるようになる。これを楢崎皐月は考えていた。ただし、使いようによっては、大爆発を起こして破壊することもできる。両刃の剣であることも注意すべきである。この斥力の電磁波こそ、気や超能力の原因・サイエネルギーである。

このように、重力は、原子内の低圧とそのまわりの相対的高圧の圧力差によって、原子の周囲から原子内（の中心）に向かって吸引作用が起こることによる「引力」と、その引力によって常に原子内に発生する±0電磁波を根源としており、原子内の質量（±0になった素粒子量）と比例して、原子から宇宙空間に向かって、重力の反力「斥力」が、±0ではあるが、潜在エネルギー（五次元のポテンシャル、位置のエネルギー）となり、斥力としての±0電磁波として放射している。「引力＝重力」と「斥力＝±0電磁波」は常にペアで同量である。この「斥力の重力（波）」、「±0電磁波」の別名は、テスラ波、スカラー波、スカラー電気重力波、物質波、そして「重力波」（遠くにある巨大な星の大爆発などで、かすかな波動によるゆらぎを科学者は観測しようとしているが、成功していない）でもある。

私は発生源から物事を考えるが、科学者は逆に、遠くの星の大爆発のような大振動が地球へ来るまでに、距離の二乗に比例して減衰した、そのほんのわずかな、かすかな振動を観測しようとしている。

すべての物質は、それを構成する素粒子が振動して斥力の±０電磁波を宇宙空間にまきちらしている。だから、①物質が存在すれば、②台風が大型の熱帯性低気圧帯を形成するように、物質空間は低圧になる。台風をはじめとする渦は、「虚質の低圧が解消するときに発生する」ものなのである。③すると相対的高圧の周辺から、物質原子の中心へ向かって「引力」が発生する。④それと同時に原子空間は低圧のため発生した±０電磁波（反重力波）を斥力として宇宙に放射しなければ、±０の波が溜まりに溜まって原子としての平常の姿（渦となる）は保たれない（大きさや質量が変ったら原子とはいえなくなるから）。それで斥力として放射するのである。

4　ねじれ場の発見がもたらしたもの

ねじれ波は、一九九〇年代にロシアで発見された。ロシア国内では、「ねじれ波の研究集会」が開催されている。日本へは、元東北大の早坂秀雄工学博士が紹介した。ねじれ波は早坂氏のUFOの推進原理の本にもあるが、本格的な発表としては、二〇〇二年に刊行された『ロシアの新エネルギー技術（vol.1 NO.1）』所収のアキモフ博士による「〝捩れ場〟テクノロジー」が詳しい。その記事を紹介しよう。

①二〇世紀初頭、フランスの数理学者カルタンは、自然界には、今の物理の「運動量」の他に、「回転角運動量」があるといった。それが「ねじれ場（波）」である。はじめは巨視的物体の回転が考えられたが、今はスピンによる「量子レベル」の「回転角運動」がいわれている。従来は角運動量の研究は十分にはなされなかった。

②ロシアのシポフの「物理真空理論」によると、真空は空虚ではなく、「仮想的陽電子・電子対」がその任意の地点からランダムにあらわれる。このような「通常」の状態では、観測不能な、何らかの特別なものが存在する。その「特別なもの」を「物理真空」という（仮想粒子はいわれているが、その本質はこのことである）。

③その特別なものは、「ゆらぎを通してその姿をあらわす」。これは「挙動が複雑な量子力学的対象である」といっている。

次に、シポフは、現実の世界は、次の「七つの階層」から成っているという。

①最高位の〝絶対無レベル〟

このレベルでは厳密な解析的記述をもたない（何も存在しない絶対無＝無限の世界だから）。私がいう宇宙のはじまりより前の、宇宙の根源、カタカムナの「カム」、「０＝無限」と相似である。今の数理の最大なものは〝無限大〟で〝無限〟ではない。０とはいっても、何らかの１を$\frac{1}{\infty}$した〝無限小〟が無限大に対応したものであり、本当の無限ではなく、有限な数となってしまう。

宇宙の生成現象と生起させる方法（法則）を決定し、宇宙の生成現象を定義する「情報」を含む（これがねじれ波の最も重要な働きでもある）。下位レベルの性質も決定する。

精神作用の「全世界的顕現現象」と関係するレベルでもある。ここで物質と精神は完全に統合されている。

何の変化もなく、従ってここだけは陰陽・＋－のペアは存在しない。電磁エネルギーはすべて伝達することがない。情報だけを運ぶ。

②主ねじれ場

エネルギーを持たず（ここが最も重要）、エネルギーを伝達することもないメビウスの環状の量子渦である。ものの存在に関わる特別の形（元型、鋳型、形体形成場）を含む。複数の量子渦は互いに「情報的な相互作用」をおこなう。エネルギーを伝達しないので、スピードは光の10^9倍（10億倍）以上、無限大である。下位レベルの生成の必然性（現代量子量の偶然性・確率的ではなく）とその性質を決める。

③物理真空

主ねじれ場と同様、環状渦構造をもっている。エネルギー伝達をおこなわず、伝播速度は光の10^9倍以上である。ランダムではなく、定まった仮想粒子対（未熟な、あらわれたり消えたりして、四次元に長く依存しない粒子）を発生する機構を定義する「情報」が含まれている。

物理真空から発生した粒子は、現実世界（ここから右ネジ）の物質化直前の、＋と－電子がバラバラの「プラズマ」を形成する。

④プラズマ

⑤気体

⑥液体
⑦固体

上位の①と②は「物理学の主観対象」といい、③「物理真空」と④～⑦を合わせて、「物理学の客観的対象」という。③は「人間の意識においても、主要な役割を演じている」といわれている。③の絶対真空において、各人の意識は個別化する。

また、①には「創造性」と「意思」が関係しているはずである。そして創造性の基盤、すなわち「精神（世界）レベル」の存在が不可避である。物質から意識（四・五次元～十・十一次元）の存在が各次元となって上下につながっている。＋と－、右ネジと左ねじのつながり同様に、高度、低度の違いはあっても、意識や心は、人それぞれが肉体から精神までつながっているのだ。

5　宇宙の基本場は二つでなく三つである

従来からいわれてきた宇宙の基本場は、

①電磁場（電気成分＋磁気成分、電場と磁場）

②重力場

の二つであるというのが定説であった。

ところが、③ねじれ場がロシアで唱えられた。二つが三つになったのである。

今までは、宇宙の力の源泉は、電磁波と重力であった。これは、物体が運動をはじめると、電磁波と重力から、運動量としての宇宙の初元の力が発生するということである。

しかし、「ねじれ波」という波の運動が発生すれば、必ずそれと同時に環状渦が、エネルギーではなく回転そのものの「角運動量」（情報を運ぶ）として発生する。この渦はメビウスの環状で、一つの渦にはＮＳ、＋－が互いに反対回りをし、中心点で左右が反転してさらに前とは反対回りの一周、計二周することによって一回転とするスピノールによる量子渦である。

対向する（反対回りで向かい合う）ことによって、電気成分も±０が二回、ゼロ磁場もＮＳが上下方向に二回発生する。

もう一つ、忘れてならないのは、回転することによって発生する運動量は、アインシュタインによれば、そこで運動している電気成分の「電気抵抗」により、「光速以上にはならない」はずである。ところが、角運動量と関係するゼロ磁場は、エネルギー、光とも無関係なので、光速の10^9倍以上のねじれ波の回転力を電気成分（エネルギー）と関係なく放出することができる。

この磁気の性質がより深くわかると、「ヒッグス粒子」「クォーク」をはじめ、現在の科学の謎は、おおよそ解けてしまう。スピン運動による電気成分の±０と、角運動量によるゼロ磁場の発生の原理が謎を解くカギなのである。

電磁波（この場合の磁気は、電気成分を固めて物質化する働きをもつ）は「運動量によるエネルギーを運ぶ波」であり、ねじれ波は「角運動量の回転力による力」で、エネルギーを運ぶ波ではなく、「情報を運ぶ波」である。情報は意識そのものともつながった波である。

残る重力はどのような波であろうか。重力は電磁気力に比べると、その10^{-36}（一兆×一兆×一兆分の一）という「ものすごく小さな力」である。その理由は、電磁気力は根本の「一次エネルギー」（これは電磁力だけ）だからである。

ところが重力は根本のエネルギー・力ではない。「二次的エネルギー」である。二次的ということは、一次的エネルギーを応用したり変化させて、一時的に「エネルギー」の補給がされる間は発現する波であり、補給がとだえると力が消えてしまう。

これは電子（一次的）と核・熱・化学エネルギー等の「二次的エネルギー」の特徴も同様である。

さらに深く考えると「重力は電磁気力が原子内で中和して±０となり低圧となる。すると周囲は相対的に高圧となる。その高圧部から原子中心の低圧部への押す作用が重力である」。だから「重力とは、原子内の低圧部への引力（吸引作用）である。すなわち電磁波の中和の±0と圧力差に基因する二次エネルギーとしての物理的力である」と定義することができる。今まで科学者がみていたのは引力という「結果」からみた重力で、本質・根本原因は「電磁気力と周囲の圧力差」だったのである。

　このようにして、電磁場、重力場、ねじれ場の三つの場の原因は次のようになる。

①物理真空がゆらぎ（ゆがみ）・電荷偏極状態にあるときは「電磁波」が発生する。
②スピン縦方向偏極状態にあるときは「重力場」が発生する。
③横方向スピン偏極状態にあるときは、「スピン場」、すなわち「ねじれ場」として発生する（スピン波は横波で、電気成分と直角の方向の波）。

　自然には「縦波」と「横波」とがある。

「縦波」は、波の進行方向に向かって発生する波である。「電磁波」の電気成分は直進しているから縦波がありそうだが、それは±0なので、現在の常識ではないことになっている。

　電気が動けば、電界と直角・90度の位相のところを、磁界がリング状に取り巻いて、その中にメビウスの環状の球、＋－電子が存在しながら「波は縦方向に進んでいく」（この波は常に±０になっているので測定しても０である）。この「±０である」というのは、電磁波の「縦波」が「今の装置では観測できないから」ゼロなのである。ゆえに縦波成分はないとされているわけだ。横波成分は観測できる（ねじれ波として）ので、測定結果に数値がでるのは横波だけだから、電磁波は「縦波がなく、横波だけだ」といったのであろう。

ねじれ波は、電界とは直角の方向に、電界をリング状に取り囲む磁気成分で、ねじれたときに発生するのは横波、そして、すべて縦方向に物体の重心まで透過して発している縦波としての重力があるのだ。ねじれ場だけが「横波成分の場」をつくっているのである。

すると、ねじれ波だけは「光速より10^9（百億倍）以上、〝無限速〟」という結果がでてくる。ねじれ波により伝搬される「情報」のスピードは、光速の百億倍以上、無限なのである。ここには地上のような時間とは全く異なる経過がみられるのである。

このことは、物理真空はねじれ場波動との関係において、「ホログラフィー的媒体」であることを示す。媒体中を「ねじれ場波動」が「ホログラム的位相パターン」として伝播する。この点は、信号伝達の性格が「エネルギー的」ではなく、「情報的」（波動的）であることと合わせて、伝達速度が無限大（光速の10^9倍以上）であることを意味する。

なぜかというと、電磁波はエネルギーなので、周囲に存在する「電気抵抗」によって減速

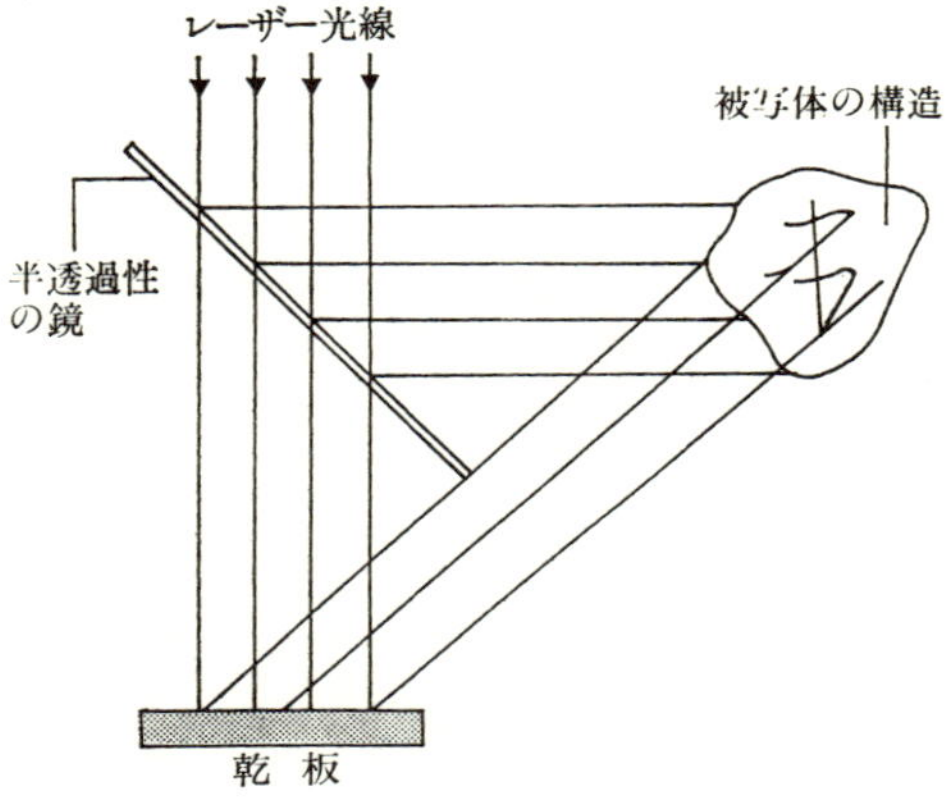

ホログラムのしくみ
ボーム『全体性と内蔵秩序』より

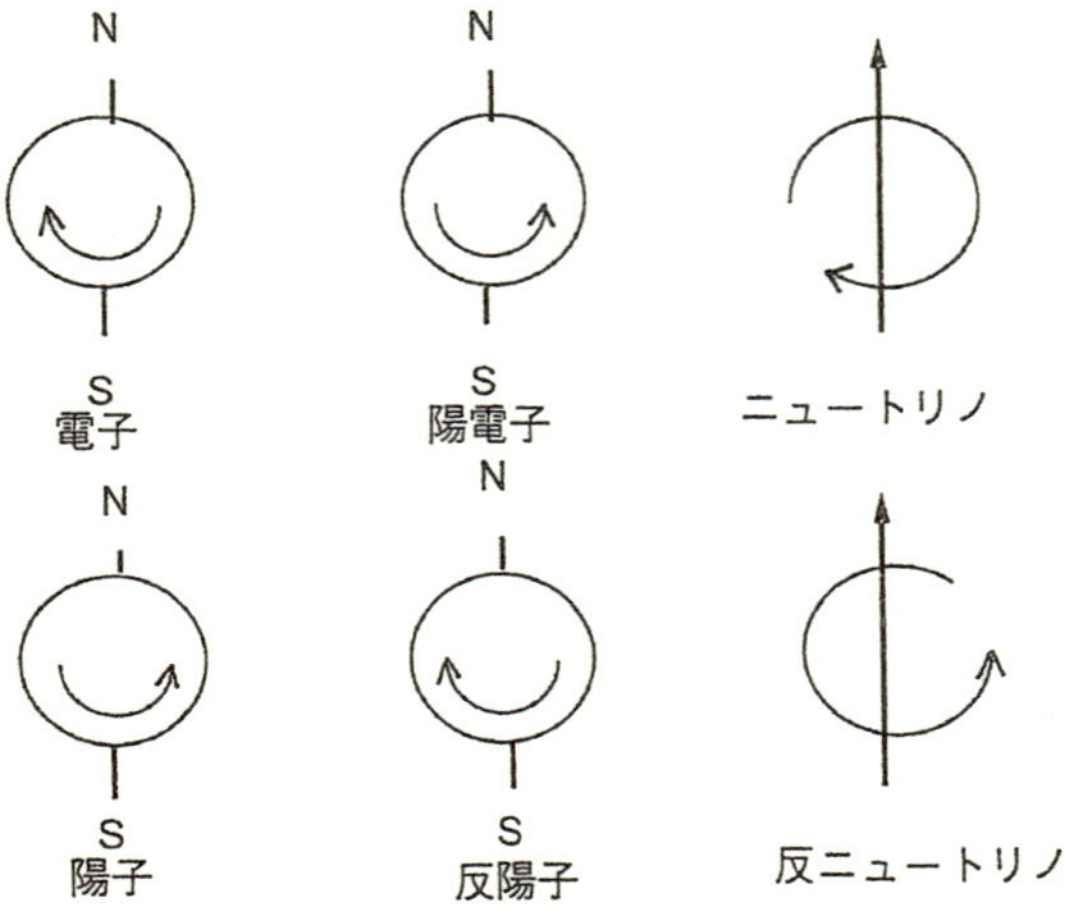

素粒子の回転方向
ガードナー『自然における右と左』より

された、光速一秒間三〇万㎞以下に落ちつくからである。

アインシュタインは「光速以上は存在しない」といった。だが光速の百億倍以上があっても心配はない。この10^9以上は、五次元の場（波）のことだからだ。

ここに出てきたホログラフィーとは、174ページの図の如く、フィルムに対して、レーザー光を半透過性の鏡で二つに分け、①直接フィルム面へ向かう「参照光」と、②一回対象物体（たとえばリンゴ）に光を当てて反射させてから、③フィルム面上の一点で干渉させる。するとフィルムに干渉縞ができる（それを「ホログラム」という）。

今度はホログラムのフィルム面に対して「参照光」を与えると、ホログラムに包み込まれているリンゴの「虚像」が空間に浮かび上がる。フィルムのどんな個所（中心点だけではない）からも、同じ虚像が浮かび上がる。これを「ホログラフィー」というのである。

ホログラムの発生原因は、参照光と反射光との干渉パターンであった。

だから「ホログラムの干渉パターンからの虚像」を人は最初に感知するのである。この虚像の世界は明らかに五次元の「左ネジ（虚質）空間」である。

「左ネジ」に「虚像」が出るや否や、五次元（左ネジ）のその一角にはゆらぎ（変化）が生じる。するとただちに中心点の・で反転し、「右ネジ・四次元」の通常の物質が眼前に実在するのである。（図：素粒子の回転方向）

そのときの信号は、ねじれ場の信号なので、その他のエネルギー関係の信号は遮蔽される。それゆえ光速の無限大ということも可能である。

ロシアでは一九八〇年代に、「ねじれ場発生器」を発明した。これは静的ねじれ場に加えて、ねじれ場波動輻射を発生させることができるという。「モスクワ理論応用物理学国際研究所」に統合された複数の研究所では、アメリカのＴＯＲＴＥＣＨと共同研究（アメリカではこの理論は未公表）しており、異なるデザインのねじれ場発生器を二〇種類以上開発しているという。

6　ニュートリノ＝ねじれ場量子である

アキモフは、ねじれ場は自然の媒体中を、損失を一切被ることなしに通過することから、「ニュートリノ」が「ねじれ場量子」であるといっている。すなわちニュートリノは、「五次元（左ネジ）の電磁波である」というのである（ｐ174の図を参照）。磁気が動かされると電気が発生し、動かされる大元が左ネジなので、「左ネジの電磁波」だといえる。

ニュートリノは「四次元時空の量子」ではなく、「位置の素量、むしろ時空の量である」といったのが楢崎皐月である。今から六〇年前のことだ。私は、「ニュートリノ」は、同時に電気成分を対発生させる五次元・左ネジのホログラフィックなパターンで、物理概念でいうと「位置のエネルギー」「ポテンシャル」のことで、「潜在エネルギー」として存在している、と考える。左ネジのニュートリノが右ネジで働くときは、必ず左ネジのその部分のゆらぎ↓・反転↓右ネジで「電子の質量欠損」（たとえば、原子が崩壊すると陽子＋電子＋反ニュートリノが崩壊し、反ニュートリノが出てきて質量欠損を補う）に出る（ニュートリノの方は陽電子が出てくるときも質量欠損を補う。ニュートリノと反ニュートリノは陰陽正反の粒子）。

この「粒子」という用語は、「粒々の物質」のようにみえる概念で、この場合は「左ネジ粒子」というよりは、「左ネジの波動塊」というべきである。しかし通例にしたがって、左ネジでも「粒子」ということにする。

だから「ニュートリノはベータ崩壊のときの質量欠損が生じたときだけ右ネジにあらわれる左ネジの粒子」ということができる。

今までの話を統合すると以下のようになる。

右ネジ物質空間を占めている時空四次元の場（の波）。

①電磁波：電気成分と磁気成分は直交。
運動量により発生するエネルギーを運ぶ波。一次的エネルギー（宇宙があるかぎり不滅）
②ねじれ波：回転（スピン）により発生する角運動量による情報を運ぶ波。光速の百億倍以上無限大。一次的エネルギー。運動量が発生すると対発生をする。
③重力：原子空間が±０になり、圧力差発生の結果により発生する原子空間への見かけ上は吸引（引力）作用。実際は高圧から低圧への押す（引力）作用。二次的エネルギー。

左ネジ五次元時空間に潜在している場
①電磁波（場）：潜在エネルギーの状態。ポテンシャル、位置のエネルギーとして潜在。
②ねじれ波（場）：ねじれ場の居所。シポフは、ニュートン力学的観点ではあり得ない現象、量子力学でも取り扱えないものとして観測する。それ自体の内部的力によって、運動するシステムを創生する可能性である。
③重力：四次元では電磁波の10^{-36}（一兆×一兆×一兆分の一）だったが、五次元では電磁場、ねじれ場、重力すべて±０となり、ここで三つの力は同一の数値になる。

以上をふまえて、ねじれ波の測定器完成後の実験効果の例を示すと、

①金属に照射すると、金属粒のサイズを均一にして大きくする。金属組織構造は完全に等方になった。強度が一・三倍に、延性が二・五倍になった。

②物理真空のエネルギーの開発を研究している。

③人体の固有部分の「ねじれ場の固有周波数スペクトル」を測定する装置ができている。健康なときの「ねじれ場周波数」と、病気のときの「ねじれ場周波数」を使えば、医療に役立つことは明白である。生化学的システムにおける水の役割と、様々な人体器官の個別の共鳴周波数とを考慮してこれらの開発が進んでいるという。

私は二〇〇二年に、「ねじれ場テクノロジー」を見て、天然自然への視野が急激に拡大し、前より高所の視点から俯瞰できるようになった。

以上の発見によって、科学はいかに発展するのか、概要を述べよう。

①今までの科学は、電磁エネルギーだけを扱った、とくに「電気成分」だけに関心が向けられている理論であった。これはギリシア哲学以来、「火と水」が宇宙の形成要素の基本であるといわれながら、近代科学はすべて「火」すなわち「エネルギー」の面からの知的営みに終始していた。これは原子や素粒子の「運動量」の究明であった。

②そのため、「磁気成分」の科学はあまりおこなわれなかった。四次元の磁気の測定値な

どの現象面はすばらしく精密な測定がなされている。しかし磁気の本質については、私は「ねじれ場」発見によって、より確かになったと考える。

③電気は火、膨張作用がその役割である。しかし膨張だけでは宇宙は拡散して、宇宙に星も物質も存在しないことになる。

磁気はその反対の性質であり、常に電気成分とペアになって活動する。すなわち収縮性をもったものが水であり、ものを溶かし、ものを固め、そして組織化する。しかも、人体の三分の二以上、どのような物質にも水分がある。水は電気成分と垂直・直角の方向に、電気が動けば、そのまわりをリング状に囲んで、物体として固めて成り立たせる。宇宙のはじめ、一〇〇億分の一秒たつと、「ヒッグス粒子」で満たされる。火の、膨張するだけの塊を、磁気で固めて球形の粒子にするその主体は「磁気成分」による「ヒッグス粒子」である。

その三分後に、クォークによる原子核ができ（クオークも核を固める磁気的働きがある）、三〇万年後、原子や分子が形成され、一〇億年後に星や銀河が形成された。

④さらに最大の問題点については、アメリカの最高の頭脳の一人、リサ・ランドール博士をはじめ、多くの最高頭脳の学者は、四次元時空（タテ×ヨコ×高さ×時間）よりもう一つ上の次元「五次元時空」があるはずだ、として研究を重ねている。

私は、五次元とは「右ネジの時空四次元」のさらに一つ上の次元で、右ネジ空間が反転して、左ネジ空間が四次元時空とペアになった見えない世界、すべてが逆回りに回転する五次元時空、左ネジ空間、虚質の世界であると考える。現象の発生順序は、鋳型と情報をもっている五次元から四次元との結節点・で反転し、その鋳型通りの物質に変成し、ねじれ場による情報を受け取るのである。したがって、ねじれ場なしには、情報の世界とコンタクトできないし、精神・意識と物質との関係の探求も不可能である（すべては静止状態）。

⑤五次元における各要素の姿は次の通りである。

ｉ）電気成分は潜在。今の測定装置では計れない。ポテンシャルや位置のエネルギーとして±０で潜在する。したがって、五次元では電気現象をみることができない。

ⅱ）磁気成分は「ＮＳゼロ磁場」として五次元の主役である。この五次元で一部の波動がゆらぎ、アンバランスを起こすと、ただちに「電気成分＋磁気成分」＝「電磁成分」（常に表裏一体）となって、反転↓右ネジに現象を起こす（四次元の±電子とＮＳ磁気として）。

ⅲ）ねじれ場は完全真空の姿で、左ネジでは不動の状態、その一角でゆらぎがおこると電磁場の「運動量・エネルギー」の発生と同時に、右ネジで「角運動量・情報の波」として発現する。とにかく五次元はすべて±０、ＮＳ０で、潜在状態である。

7　五次元より上の次元も存在する

私は、真の宇宙の姿は、今まで右ネジ・左ネジのペアでできた「物質界」でできているといった。「右ネジ」はモノの存在が「見える世界」、「左ネジ」はモノの発現の大元の「見えない世界」、±0なので測定できない世界。「メビウスの環」のような中心点•で反転する世界である。

その「右ネジ」はタテ・ヨコ・高さ・時間の「四次元の世界」。「左ネジ」は、さらに「左ネジの時空」が加わって「五次元」の世界である。

それより上の次元ももちろん存在する。宇宙は、「右ネジ」と「左ネジ」はペアだが、これは「個人意識・エゴの世界」という「表裏四・五次元時空の表の部分」のことである。表の四・五次元の裏に、表と一体になった、表より上位次元の「六次元のアストラル次元」（感情体次元）があり、それとペアになって「七次元のメンタル次元（精神体次元）とが、中心点•でメビウスの環状に表と裏の次元が反転一体化する。そして、上位次元から下位次元へと中心点•で各反転しながら、ほとんど無限のスピードでつながっている。

さらにこの四・五次元（表面）とその裏をなす六・七次元の「個人意識」より、全く大きさの違う全宇宙が、八、九、一〇、一一次元の「宇宙意識の大宇宙意識」の表裏が、四～七次元までの「個人意識」を大きく包み込んで、「大宇宙意識」として包含していると考えている。

これが小さな宇宙球（四～七次元）と、大きな宇宙超意識の世界（八～一一次元）である。この二つの大小宇宙球は、「発生→成長→発展→死滅」を繰り返すので、今の姿は「永久不変なもの」ではない。宇宙では「発生したものには必ず終わりがある」わけだから、永久不変の生命は存在しない。宇宙も然りである。

しかしその無限回の繰り返し（生と死と再生）があるので、その点からも「０＝無限」は存在する。そして「カタカムナ」の「カム」から、宇宙球があらわれて、はじめて「カム」からすべての現象界になるのである。

以前から私は「一次的」と「二次的」エネルギーのことをいってきた。一次エネルギーは「電磁波」である。この電気（電子）は、磁気（左ネジ以上では「ゼロ磁場」）とともに、一次エネルギーである。この電気と磁気は、星であれ石ころであれ、その物体が存在する限り、電子の運動量としてのエネルギーと磁気の角運動量（回転のパワー）が存在し続けている。

では、電子のエネルギー源は何であろうか。

宇宙の一角でゆらぎが起こると、その部分が低圧になる。その低圧は「五次元の虚質（左ネジ）の低圧」である。電気に＋－、数字にも＋－、虚数、実数がある。このうち＋－は同一次元の現象であるから、実数・虚数だけになる。これを実次元（四次元）・虚次元（五次元）に置き換えて考えると、実次元に物質、虚次元に虚質を考えることができる。符号を除くと、その実数値は共通に計算できる。この実数値に該当する物理的性質は、弾性と慣性だと考えた。

虚質は本質的に磁性（電気が動けばリング状に磁気が取り囲む）を潜在しているものと考えられ、これによって、動かされれば反作用として電磁波を発生することになる。ここに至って、「電磁波の媒質は虚質である」ということになる。虚質は物質ではないから、電磁波の媒質として否定されず、星の渦をはじめとする多くの渦の媒質ではないかと考えるのは自然の成り行きであろう。

虚質は、星雲の渦、太陽系、原子等のエネルギーの補給源としての要件をすべてそなえている。虚質の低圧は解消されていって最後に消滅してしまうが、その星の一生の間は、電子は次々と虚質の低圧から一次的エネルギーとして補給される（一種の永久機関である）。しかし補給がとだえたら、ただちにその星は消滅し、エネルギーの補給はなくなる。大小にかかわらず、渦の一周値はヘルツ（Hz）なので、この一周値こそが、「プランク定数h」なのである。

宇宙の全（ポテンシャル・位置の）エネルギーの元は五次元の虚質の低圧に存在し、その虚質の低圧が解消された分が四次元の右ネジ空間で運動量として消費されるのである。したがって、その虚質の低圧の存続する間は、エネルギー（陰陽電子）は存在できるが、虚質の低圧が解消して圧力差のない平坦な空間になると同時に、宇宙のエネルギー現象はなくなってしまう。つまり宇宙は、その時点で消滅してしまうのである。電子は宇宙の存在する間は不滅である。陰－陽＋電磁波（とくに電子エネルギー）は、宇宙現象が存在する限りは「永久機関」でもあるのだ。

第五章　現代科学の誤りと謎を解く

1　光はどのようにして発生するのか

光には「波動性がある」。波動性があれば当然「媒質」（たとえば空気が音を伝えるように、力や波動などの物理的変化を次々と伝えていくもの）があるはずである。一時、光の媒質は「エーテル」だといわれた。しかしマイケルソン・モーリイの実験結果とアインシュタインによってその説は否定された。今は、電磁波は「場の変化」によって伝わるというのが「定説」となっている。

電磁波である光の媒質として、大橋正雄は「虚質」（左ネジ）を仮定した。虚質の世界では、電荷をポテンシャル・位置のエネルギー（五次元のニュートリノ）として潜在的に所有し、運動がはじまると、その反作用として磁気による渦が発生し、さらにこの磁気は右ネジ四次元で電磁波を対発生する。この磁気と電気の波が一体化して電磁波となる。五次元の虚質は、電磁波の媒質であると同時に、宇宙を構成する母体となる。

量子力学では、量子力学の創始者の一人・ボーアの原子模型というものがあった。今は「電子は原子内を取り巻いている雲のようなものである」という観測結果から、以前のように原子模型はあまり使われていない。

しかし電子は、内側からK殻、ＬＭＮＯＰＱ殻というように、七つの軌道の上だけを自転している。Ｋ↓Ｌ、Ｌ↓Ｋへと軌道を変えることを「軌道遷移」といい、このうちＬ殻の方からK殻に戻る〝軌道遷移〟のとき、「光が発生する」のである。これ以外の光の発生原理は存在しないのである。

①Ｋ殻からＬ殻へと電子が軌道遷移をする理由は、電子は回転運動をすると電磁波を輻射するので、その分電気エネルギーを失い、さらにエネルギーを補給されれば、Ｋ殻にある求心力よりも原子自体の遠心力が増大する。そしてそれが、ある数値に達したとき、Ｋ殻にいられなくなってＫ殻からＬ殻へと遷移する。だから量子の運動は「飛び飛びの値をとる」といわれるのである。一瞬にして飛んでいって次の軌道に移るのである。

②この電子がＬ殻で回転運動をし、エネルギーの補給がないとき、Ｌ殻に移った電子は遠心力を減少させていき、ついには求心力の方が強く、遠心力は弱くなるので、その場所へはいられなくなり、Ｌ↓Ｋ殻へと（逆）遷移することになる。

そのときのエネルギー収支をみよう。Ｋ殻からＬ殻に遷移するとき、必要なエネルギーは

K殻とL殻との差13.6eV−3.39eV＝10.21eVとなる。

ここで矛盾を感ずる方もいるであろう。K殻でエネルギー準位が13・6eVであった電子が、K→L殻へ遷移する場合、10・21eVのエネルギーを加えると、L殻で逆に3・39eVと逆に減少したり、L殻で3・39eVの電子が、10・21eVのエネルギーを放出したにもかかわらず、K殻では13・6eVの電子として存在することである。

その答えは次の通りである。（大橋正雄『波動性科学』を参照）

ロケットの場合も相似であるが、人工衛星（電子）がロケットを噴射して「運動エネルギーが失われる」と、衛星はK軌道を離れてより高い（外側の）L軌道へ向かう。このとき、L軌道への「位置エネルギー」を得た分だけ「運動のエネルギー」を失う。したがって、L軌道に達したときには、K軌道を回っていたときよりも「回転速度は遅くなり、遠心力も小さくなる」が、地球への距離も大きくなるので求心力も同時に小さくなり、この二つの力が均衡する所まで上昇する。

その後、ロケットの噴射がなければ、人工衛星は回転しながら落下に向かい、次第に回転速度を速めて、元のK軌道に戻る。そして元の軌道速度に達する。このことは、「位置のエネルギーを失っただけ、運動のエネルギーを獲得する」からである。

要は「エネルギーが補給」されない限り、電子も人工衛星もその位置に存在することはできないで落下または遷移が起こり、外側の軌道から内側の軌道へ、そして先に加えられたエネルギー＝位置のエネルギーを失った分だけ落下の運動エネルギーを獲得する、という法則が成り立つ。

そして次の法則も明らかとなる。

①原子の回転運動のエネルギーは、虚質の低圧が解消する際の「渦運動」によって与えられている。その渦が消耗・消滅するまでが渦の一生である。

②核に近くなるほど、クーロン力（この場合は求心力）が強くなるが、渦動は中心近くになるほど回転数が増加するので（ヘルツ大となる）、遠心力も強くなり、求心力とバランスのとれた地点を回ることになる。

③一回転するたびに、プランク定数h（4.1357×10^{-15}V）の電圧（電気エネルギー）が発生し、一秒間当りの回転数が多いほど電圧が高く、求心力も強くなるが、それと同様に遠心力も増大する。

最近では、量子力学によって、「光は波動性と粒子性の二重の性質をもつもので、現象の如何によってそのどちらかの性質があらわれる」という「相補性」が認められ、光の波動性と粒子性は矛盾しないことが立証されている。

では、そもそも粒子性と波動性とは何か。

①粒子性。石ころや米粒をはじめ「目に見える世界」のすべては、そのような性質をもっている。それは「ひと塊に固まったもの」をいう。たとえば、水でもひと塊になった雨粒として粒子性を認めている。原子のようにぐるぐる回っていても粒子である。その中には波動もあるが、その粒子の中だけである。その波動は原子一つひとつ区切られた波動であり、切れ切れの波動である。この「切れ切れ」であることが、粒子性をあらわす。

②波動性。波動といえばまず「水の波」がある。水にひとたび波が起これば、水のある限り、波動は続いている。波動性はこの水の波と相似の現象である。媒質が水でなくてもよい。紐を吊るして左右に振れば、紐は波のようにゆれる。山の起伏がなだらかに繰り返せば、波のようだともいう。水の波がコップの中で起こっても、それは波動性のあらわれとなる。

③一つの現象が両方を兼ねるとき。一メートルの紐を左右に振れば、紐は波状を呈する。また一メートルという切れ切れの状態は粒子性がある。原子の粒子性と波動性は、紐を短くしたような存在なので、「両方を兼ねる」といってよい。これが光の波動性と粒子性に対する解答である。

④光の波動。

光の波動は海の波のように「ずっと続いている」ようにみえる。しかし一つの光源からはたくさんの光子が放出され、同じ方向へ向かう光子もたくさんある。一つの光子の長さは約一メートルで、波長・周波数は同じであり、それらは共鳴して一体をなし、ひと続きの波として続いていく（光は一メートル程度の長さの光子が共鳴して、ひと続きの波のようになって進行する）。

光子の長さが約一メートルであることの証明は、以下の通りである。

一つの光子が光電流をＫ～Ｌへの遷移の逆、エネルギー補給を絶たれてＬ～Ｋ殻へ逆遷移したとき、左ネジ空間に潜在していた位置のエネルギー（ＬマイナスＫ殻のエネルギー）を活性化させ、右ネジ空間へ光として輻射されるエネルギーにより光が発生する。

一つの光子が光電流を流す時間は、実測によると10^{-8}秒以下である。光速は一秒間に三〇万㎞＝3×10^{8}ｍであるから、10^{-8}秒間に三メートル以下の距離を走ることになる。『科学の事典』に「原子や分子から出る単色光とみられる光でも、たかだか一メートル程度の長さだけ近似的に一つづきの正弦波になっているにすぎない」とあるので、光の長さは約一メートルだが、その波動が共鳴して一続きに見える光の波動となっているのである。

では、光はどうして一秒間に三〇万㎞を走っているのであろうか。

運動のエネルギーには「自走と他走」がある。自走とは、天体や微粒子のように、虚質の低圧の渦動によって、自然界において永久運動（地球と宇宙が存在する限り、電子がおこなう運動がこれである）をしているものである。他走とは、大砲の弾丸や自動車のように、力学的エネルギーを加えられることによって動かされているものをいう。そのため、これらのエネルギーの補給がなくなると、電子のL殻からK殻へ戻って、そのとき加えたエネルギーを光として放射し、加波の前の状態に復することになる。

電磁波は、進行方向に向かって電気波と磁気波が交互にのびちぢみする、虚質の疎密波として進行している（縦波という）。

そのときの進行方向への電気波の「縦波」が、エネルギー・運動量の波で、光速（最高）で進む。固体のみは縦波と同時に対発生する横波がある。これは、運動量と対発生するが、角運動量（回転運動）によって生じる「横波（磁気の波）」は「ねじれ場」を形成し、エネルギーを運ばないで、情報を運ぶものであって、光速の10^9（十億）倍以上、無限大だといわれている。この波はエネルギーには全く関係がなく、「電気抵抗0」なので、光速の10億倍以上にもなるのである。

物質が存在し、運動量が大きくなればなるほど±0となって原子から出ていく「重力波」（粒子の振動により発生）、「スカラー波」、「テスラ波」、「±0電磁波」（すべて同じもの）などは、すべて±0の電気成分が発生源である。

宇宙は電気成分1/2と磁気成分1/2。さらに電気の引力分は電気の1/2なので全体の1/4。斥力は電気の半分の±0電磁波、宇宙全体の1/4と磁気（ねじれ波）の全体の1/2、計3/4

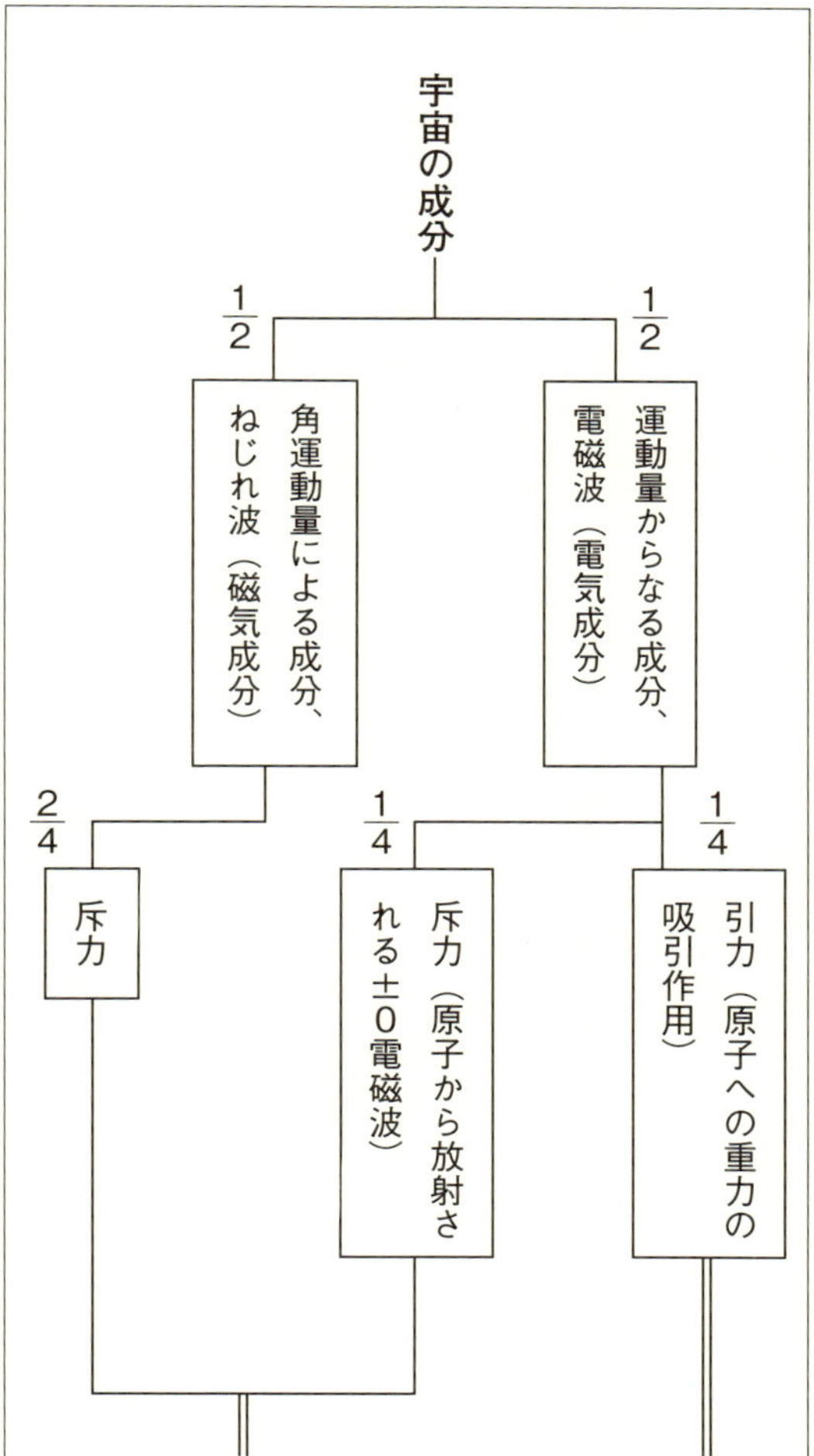

となる。これが、斥力（スカラー波＋ねじれ波1/4＋2/4＝3/4）、引力（全電磁成分の1/4）、とダークエネルギー（斥力だけ）が発見されたのちに、科学常識でいわれた「宇宙は斥力3/4、引力1/4とから成る」の解答である。ダークエネルギーというのは、エネルギーを運ぶ波±０電磁波だけではなく、斥力のみの情報を運ぶ波がさらに1/2加わったからである。

2　解釈の誤りをもたらす電子軌道のエネルギー値

ボーアの原子核模型や前期量子論（後期量子論では観測の結果、雲のようで、観測すると波長の収縮によって電子は姿をあらわすという）では、電子殻のうち、内側のＫ殻の方が外側のＬＭＮＯＰＱ殻よりエネルギーが小さいはずだと誤解している。

そうではない。次の二つのことが誤っている。

①波動のうちの平面波は、距離の二乗に反比例して減衰することを考えていない。電子核とは七つのバームクーヘンのような内側のＫ殻から、１、４、９倍というように二乗倍で輪が大きくなっていく。

Ｋ殻13・58 eV、Ｌ殻３・39 eV、Ｍ殻１・51 eV、Ｎ殻０・85 eV、Ｏ殻０・54 eV、Ｐ殻０・38 eV、Ｑ殻０・28 eVが実測値である。

②この結果は実は$\frac{1}{r^2}$（ｒは半径のこと）で、すなわち内側の軌道の数値が小さいはずなのに、実測値が大きいために、参考書などでは、すべてのエネルギー準位・電子殻に「マイナス」を付けて、Ｋ殻－13.58eV、Ｌ殻－3.39eVとしたものを正論としている。

③これは、平面波の波動はすべて$\frac{1}{r^2}$であることを考えに入れていない。次の図は電子軌

道の図のK殻～Q殻までの軌道間隔を$\frac{1}{r^2}$としないで、実測値のまま記入し、しかもK殻以上にも「マイナス」が付いている。

④そうではなく、軌道間隔は1、2、3、4……という自然数で、$\frac{1}{r^2}$の1、4、9、16、25、36という間隔ではない。

⑤その原因の一つに、K殻に加えてL殻に遷移させたエネルギーは、単なる付加した運動エネルギーではないことがある。これは、K殻からL殻に電子を持ち上げるためのエネルギーを加えると、求心力より遠心力の作用が大になって、ようやくL殻で求心力と遠心力が一致するようになるから、そのL殻で回転するようになるのである。

だからエネルギーの補給がないと、人工衛星のように落下をはじめてK殻のところで求心力と均衡し、落ち着くと同時に光を発生放射させるのである（K→Lになるとき加えた10・19eVのエネルギーは、電子がL殻に遷移すると位置のエネルギーとなり、LからK殻に逆遷移して、光を出すのにその位置のエネルギーが使われるのである）。

これはK殻の基底準位、13・58eV分の現象だけが電子殻を行ったり来たりした結果である。外側の殻へ電子を上げたとき、K殻に加えたエネルギーはどうなったかというと、「位置のエネルギー」に変わり、左ネジ空間に潜在エネルギー（ポテンシャル）として保存されたのである。この位置のエネルギー分は、エネルギーを補給しない限りそこに存在できない。存

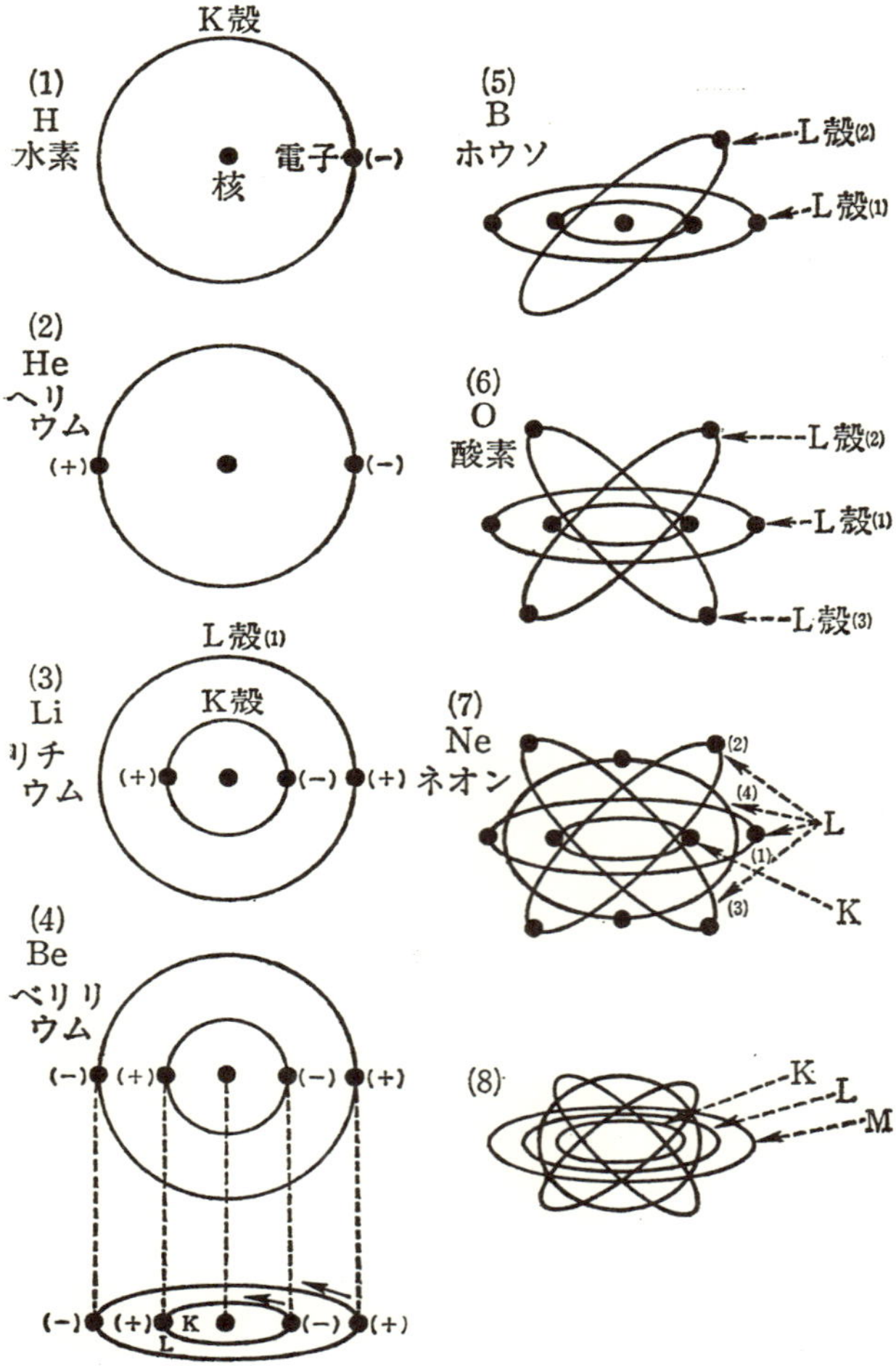

原子の電子軌道図
大橋正雄『波動性科学』より

	量子論の見解		私の見解	
電子軌道	回転半径(間隔)	エネルギー準位	回転半径	エネルギー準位
K殻	1	－13.58eV	1	13.58eV
L殻	4 (2^2)	－3.39eV	2	3.39eV
M殻	9 (3^2)	－1.51eV	3	1.51eV
N殻	16 (4^2)	－0.85eV	4	0.85eV
O殻	25 (5^2)	－0.54eV	5	0.54eV
P殻	36 (6^2)	－0.38eV	6	0.38eV
Q殻	49 (7^2)	－0.28eV	7	0.28eV

L殻からK殻へ戻った（遷移した）時に放射する光のエネルギーは、量子論でも13.58eV－3.39eV＝10.09eVとしている。ここにはマイナス符号はない。

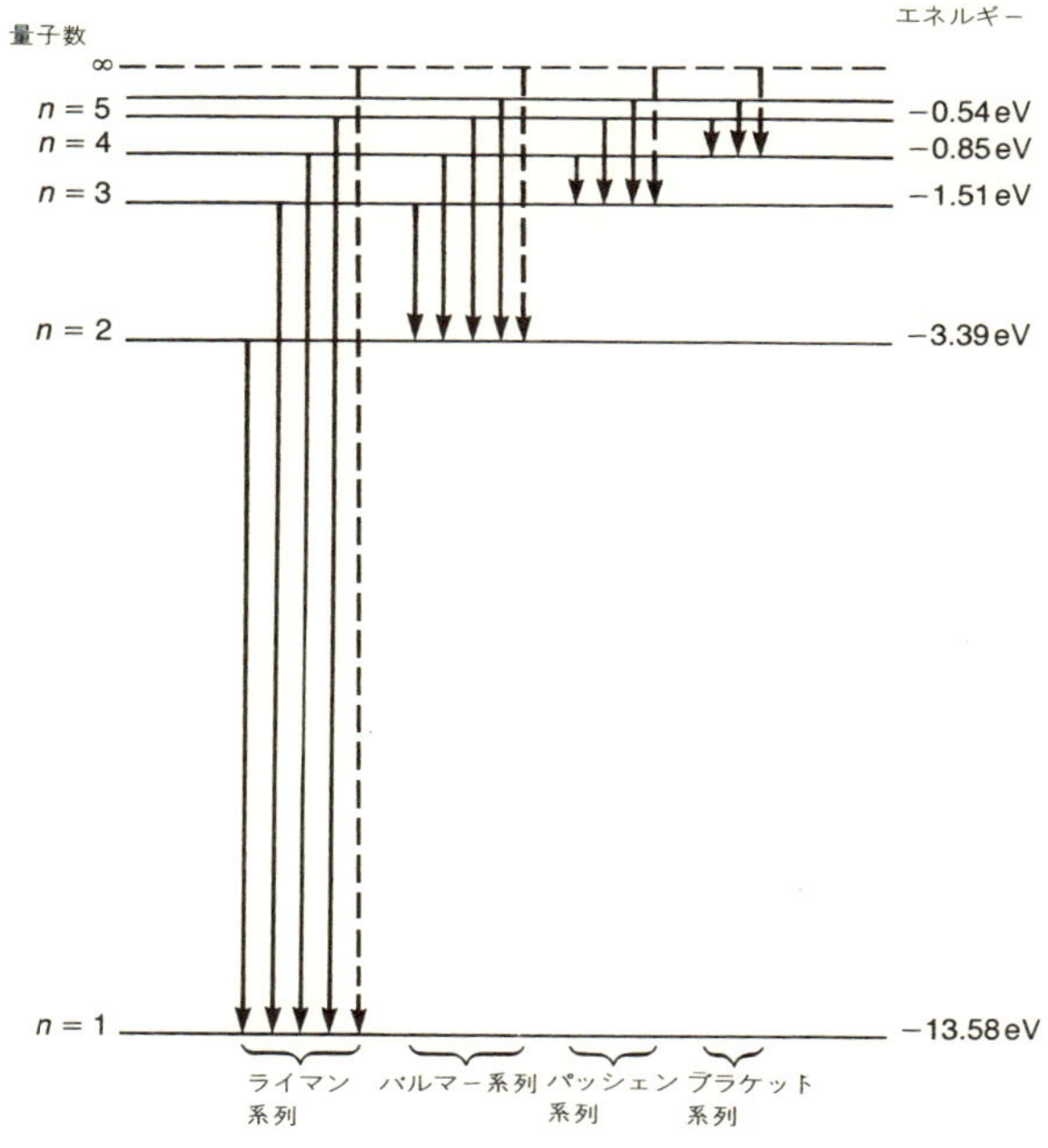

電子軌道の間隙とエネルギー準位
大場一郎『目で楽しむ量子力学』より

在できなくなると光として放射されてしまうのである。

⑥この「位置のエネルギー＝ポテンシャル＝潜在エネルギー」というのは、どうしても「左ネジ・虚質の存在がある」ことがなければ起こり得ないことである。だから「0理学」は正しい宇宙観には必須のものなのである。

⑦右ネジ（物質空間）と左ネジ（虚質空間）のある「複素十字形座標」は必要不可欠なものである。

すべてが潜在している左ネジ空間で「ゆらぎ」が起こると、左ネジで潜在していたエネルギー（電気成分）と情報（磁気成分）は活性化して、左右ネジの中心点で反転し、右ネジの物質界の＋（上向き）－（下向き）の「プラズマ」が発生する。

3　ヒッグス粒子とクォークの発生原因

宇宙の物質空間ができると、百億分の一秒後、宇宙の真空の空間は（ゼロ磁場が大元の）磁気成分の「ヒッグス粒子」で満たされ、光速で進んでいた素粒子に作用して進みにくくし、「＋－のプラズマ」の粒子で宇宙を満たすことになる。そして三分後に、これまた磁気成分からなる「クォーク」が発生し、そのクォーク三つと＋プラズマとで原子核をつくり、三〇万年後に原子や分子が形成されたのである。

宇宙の一次的エネルギー（基本の素材・質量）は、電気と磁気でできている電磁波がすべてである。

電気は火であり、膨張で、エネルギーそのものである。磁気は水と同様に収縮して、固め、溶かし、組織化するとともに、エネルギーではなく情報を運んだり、転写することができる。だから物質界では、電気が動くと、磁気がその塊を固めて物質化することができる唯一のものである。

そうだとすると、ヒッグス粒子もクォークも、電気成分で膨張ばかりしていては、絶対に宇宙には粒子ができない。したがって、膨張拡散している電気成分を、その収縮力によって固めて、素粒子から原子、星から星雲として成り立たせている成分は、ヒッグス粒子もクォークも同じ仕組みでできていることになる。私はこれらの成分は「磁気成分」に違いないと確信している。左ネジでは、電気はポテンシャルとして潜在し、ゼロ磁場だけが顕在して、しかも静止していて、動く時を待っているのである。動けば、反転、右ネジの運動する物質となる。

4　ダークマター、ダークエネルギーの正体

最先端の科学では、加速器の巨大化とともに、次に発見されるであろう物理的現象は、前述のヒッグス粒子、クォークのほか、ダークマター（引力はあるが、光らないダーク・暗黒の物質）とダークエネルギー（宇宙の四分の三を占める斥力＝膨張だけをする謎のエネルギー）がある。今のところ、これらの正体は明かされていない。

そこで、今まで説明した0理学を使ってその正体を仮説として示そうと思う。

1．ダークマター（暗黒物質）

一九三二年、オールトは、銀河内の星の運動は、見える物質の重力だけでは説明できないことを指摘した。その後、一九八〇年代に至って、回転運動の分析から、銀河系の円盤部およびハロー領域に、可視物質の十倍ほどの暗黒物質が存在しなければならないことがわかった。また、多くの銀河が銀河団としてまとまっていられるのも、銀河の間に暗黒物質があるからと考えられている。

宇宙における暗黒物質の割合は、一九八〇年代は、ダークエネルギー発見前であったので、

通常物質以外は九割以上がダークマター、残りの一割弱くらいがバリオン（陽子と中性子）だとした。ところが今は、次のようになっている。

ダークエネルギー（斥力）　76±２％
ダークマター（引力）　20±２％
バリオン（引力）　4±0.2％　（東大須藤靖説による）

宇宙の約4/3が斥力のダークエネルギー。宇宙の約1/4が引力のダークマター＋バリオン（陽子や中性子のような重粒子のこと）である。なぜ引力が全体の1/4、斥力が3/4なのかは後述するが、まずダークマター（暗黒物質）の正体について述べる。

引力をもち、銀河、銀河団である星の総和から予想される値の一〇倍以上の質量をもつ、未知の素粒子といわれているダークマターは、宇宙の進化過程（発生順序）からみて、左ネジから反転して一〇〇億分の一秒から三分の間に発生した、「バラバラな＋電子と－電子がヒッグス粒子に固められて、〃＋電子のプラズマ〃と〃－電子のプラズマ〃になって飛び回っている、＋－電子によるプラズマ状態の－電子、＋陽電子である」と考える。クォークが未発生なので、原子核（核＋陽電子＝陽子）ができておらず、クォーク発生までは、原子というシステムはできあがらない。
実は、プラズマにも二種類ある。
①このときの「＋陽電子と－電子のプラズマ」（クォーク、原子発生以前のプラズマ）
②原子にエネルギーを加えていくと、外側の電子軌道に遷移していき、さらに加え続けると、原子の中の電子軌道の遠心力大・求心力小となり、「イオン」となる。さらにエネルギーを加え続けると、原子中の陽子と電子との統合ができなくなり、バラバラな「電子と陽子とのプラズマ」になってしまう。原子がプラズマ化したときには「＋陽子プラズマと電子プラズマ」が対創生されるのである（原子発生後にできたプラズマ）。
③プラズマには「高温プラズマ」と「低温プラズマ」とがある。
高温プラズマは、「陽子＋電子の原子にエネルギーを加え続けたプラズマ」に多い。

低温プラズマは、右ネジ宇宙が創生し、ヒッグス粒子によって固められた「＋陽電子プラズマと－電子プラズマ」に多くみられる現象のようである。記号で書くと、陽子はP、電子はe^-、陽電子はe^+だから、「e^+＋e^-プラズマ」と「P＋e^-プラズマ」は、現象的には同じかもしれないが、成因は全く異なったプラズマである。

2. ダークエネルギー

宇宙空間を一様に満たしている斥力（万有斥力）が、宇宙全体の3/4を占めている。ダークマターとは異なり、空間に局在せず、あまねく存在している。これは一九九〇年代になってから観測によって確認された事実である。斥力とは、引力の反対に膨張・拡散していくものである。

それではその発生原因とは何か。宇宙は、引力は1/4、斥力は3/4ということは、昔かららいわれている宇宙膨張論をさらに拡張したものではないか、というような問題があるが、それは従来の科学概念ではわからない謎である。

その斥力の原因となる物理的実体を理解するためには、左ネジの五次元時空、それと0理学が絶対に必要である。五次元理論と0理学で答えると次のようになる。

①数学的にはプラスは増加、マイナスは減少ということになるが、0理学では、この＋－ともうひとつ、「右回り」と「左回り」（右ネジ空間では、右回りマイナス、左回りプラス）を加え、＋－は「回転方向」の違いという面からも論じる必要がある。

②右ネジ空間とは、何らかの数値のある世界、左ネジ空間は、±0が重なりあい打ち消しあった0の世界（だから0理学という）で、表面的には何もないようにみえるが、中にはポテンシャルが位置のエネルギーとして潜在している。何もない0ではないのである。

③右ネジだけでは、そのような±0の存在は解くことが難しい。この不可能が、もうひとつ上の次元、これとペア・対として存在する±0の左ネジ五次元があれば、難なく解くことができる。

④原子空間で＋と－とは激しくスピンしてエネルギーを発生している。そして＋と－とは打ち消しあって±0の状態になっている。すると原子内はまわりに対して低圧の渦になる（台風のように）。すると低圧の量に比例して、まわりの相対的高圧部から引力として原子の中心（重心）に吸引作用が働く。これが「万有引力」である。すなわち圧力差が重力の発生原因である。

ニュートンは力の第三法則として「作用・反作用の法則」をいった。重力に置き換えると「引力・それと同量の斥力」がそれである。したがって斥力の発生原因は次の通りである。

「原子に与えた〝引力〟と全く同量の〝斥力〟（±0の波）が原子空間から涌き出して宇宙空間に対して放射されている」

ところが、力が発生すると「運動量（電気的エネルギーを運ぶ）」と「角運動量（回転による磁気的な力で、エネルギーは運ばず情報を運ぶ）」の二つの量・力が「作用・反作用の法則」的に、常に原子内から引力・斥力として発生する。

⑤運動量からは「引力（重力）1と斥力（反重力）1、計2」のエネルギーの発生による、

低圧に対する高圧との圧力差によってその力が発生する（全体の半分）。

あとの半分は、角運動量からで「原子の自転がはじまると、左ネジにねじれ場ができ、ただちに反転、右ネジに〝ねじれ波〟が発生する。ねじれ波の発生場所は、左ネジ五次元のゆらぎ（それまでは潜在・静止状態）がただちに次元の結節点（中心の●）で反転して右ネジに姿をあらわすので、五次元では潜在・静止状態、実際に発生するのは右ネジで、「情報（だけ）」を運ぶ波である。

すなわち、これは「圧力差による重力の発生」ではなく「潜在していた（五次元の存在はすべてそれ）力（電気成分）が、その部分のゆらぎによってゼロ磁場にある五次元を励起（ねむりからさめたような）した力」なのである。だから、ねじれ波には引力はなく、斥力だけが発生するのである。

その結果、運動量からの力、引力１と斥力１の、計２。角運動量も運動量と同量で、全部斥力なので計２、引力分がないので、斥力は計２となる。

したがって、「運動量の$\frac{1}{2}$」だけが引力となる。

運動量の$\frac{1}{2}$が引力の現象。斥力は$\frac{1}{2}$が運動量のうちの斥力＋角運動量全部の１、計$1\frac{1}{2}$、運動量の引力の３倍、すなわち宇宙全体の約$\frac{1}{4}$は引力で、約$\frac{3}{4}$は斥力となっていることが一九九〇年代に発見され、現在の不動の値となっている。

引力が宇宙全体の$\frac{1}{4}$では少なすぎ、斥力$\frac{3}{4}$は多すぎて、膨張はもっと加速するのではないかと心配する方がいるかもしれないが、その心配は無用である。

それは、力の減衰の程度が違うからである。引力関係の力は「平面波」といって、発生源が立体的でないので、「距離の二乗に反比例して減衰する。すなわち$\frac{1}{r^2}$（rは半径）であるのに対し、斥力の方は立体的な原子から減衰するので「距離の三乗に反比例して減衰する、すなわち$\frac{1}{r^3}$」である。

それゆえ、はじめは宇宙の$\frac{3}{4}$を占めていた斥力も、ねじれ場関係の斥力は急速に減衰するので、距離が離れれば$\frac{1}{r^2}$の引力と同じような状態になってしまうのである。

このように、立体的（固体）な物体からの斥力があれば$\frac{1}{r^3}$に減衰すると唱えた人は、哲学者カント、アインシュタイン時代の数学者アブラハム、そして日本の早坂秀雄らである。

私が見た実験でも、このことを実感したことがある。

テスラ・コイルの実験を見たとき、それをおこなった暗室の中で、コイルの先端から真っ白な強力な短い火柱のようなものが放射されていたが、少し離れたところは真っ暗で、はっきり減衰しているのがわかった。通常の平面波の$\frac{1}{r^2}$でなく、$\frac{1}{r^3}$の立体的なものから出る波なのでそうなのだ、と再発見したのである。$\frac{1}{r^3}$の減衰は急激に起こって、すぐに$\frac{1}{r^2}$に近くなり、やがて影響がほとんどなくなってしまうのである。だから、宇宙のような広い世界では、引力$\frac{1}{4}$（$\frac{1}{r^2}$）減衰と、斥力$\frac{3}{4}$（$\frac{1}{r^3}$）減衰とで十分に力が均衡しているのである。

第六章　「太陽は熱くない」の科学

1　光と熱は別々の電磁気現象である

二〇〇年前にハーシェル（一七三八〜一八二二）は、われわれがみている太陽の光球は、太陽の表面を覆う発光性の大気だと考えた。そして冷たい不透明な固体だと考えた。太陽光線は決して熱くはなく、それが地球の大気に入ると、地球のもつ力「熱力」（熱に関する情報＝ねじれ波）によって、徐々に熱くなりうる媒質（とくに空気中の酸素）が作用して熱が生まれる。これが、太陽に近い山頂の方が、地上より寒い理由だといった。

太陽観測に色ガラスを用いて光を弱めて測定すると、光による照明力は「可視光線の黄、または薄緑が最大」だとわかった。熱力最大の位置は「不可視の赤外線領域」で、熱の発生原因は「目にはみえない赤外線である」とわかった。

したがって「熱とは何か」というと、「熱は電磁波のある周波数帯のあらわす性質である」と答えられる。主として「赤外線領域」で「可視光線の長波長帯七六〇〇Å（オングストローム、原子大）の、赤から一ミリメートルの「赤外線とマイクロ波との境界」くらいの波長帯の現象である。

原子・分子がエネルギーの吸収放出を繰り返し、赤外線によって満たされた空間の、赤外線の塊の多少が温度差となる。

太陽はプラズマを放射する星であるが、すでに述べたように、プラズマには①高温プラズマ（＋陽子と－電子がエネルギー供給過多でプラズマになる、高温高圧）と、②低温プラズマ（＋陽電子と－電子の成分がバラバラに発生、それを「ヒッグス粒子」が固めて一個一個の＋－の素粒子にする。温度は常温三〇度くらい）がある。

太陽は主としてそのうちの低温プラズマを発している。だから必ずしも太陽は灼熱の星ではないのである。

今まで、光と熱とは太陽から一方的に供給されていると考えられてきた。太陽の圏外の空間（真空中の光と熱の情報）は、地気大気の中で地球の圏外の空間（大気による反転による光と熱の発生）と出会い、光が生じる。光は「地球の基本力」である電磁気のひとつである。光力は大気のエッセンスの中に波動を生み出し、大気の中を漂い満たす。つまり、地球にくる前は真空（五次元空間）を情報（ねじれ波）だけが進行し、地球大気圏（四次元空間）へ来ると、反転し、物質世界における光や熱になってあらわれることになるのだ。太陽の光線

（情報）が活性化した「地球の力」が光や熱である。ゆえに同じ電磁波の一部であっても、光力と熱力（赤外線領域のみ）とは別の力である。

物体が発しているのは、あらゆる色彩を含んだ暗い不可視光線（暗線）である。その暗線が一定の距離までくると、その1/10が、大気のエッセンスに含まれている光力を目覚めさせて波をつくり、発光を起こす。電気の光は炎ではない。不可視の暗線からろ過された可視光である。ロウソクの芯の固まりに暗い孤を描き、そこからろ過されたものと同じである。

太陽の磁気によって、地球の熱力が大気中に引き出され、その二つの力が交わると、熱力が活性化して波動を生ずる。ただし太陽の磁気は、地殻の中の熱力を引き出すだけで、熱力は太陽と地球との磁気力の干渉の結果である。活性化されない冷たい状態の熱力が大気中に存在する。夜間でも残りの一部は大気中に存在することになる。

ちなみに、この章はチャーチワード『ムー大陸の宇宙科学』を参照して述べている。

2　分光器で測れるのは光力だけ

今の科学では、熱放射の法則（ステファン・ボルツマンの法則とウィーンの変位則）によって、太陽の表面温度は約六〇〇〇度で、太陽のエネルギー源は、水素がヘリウムに変換さ

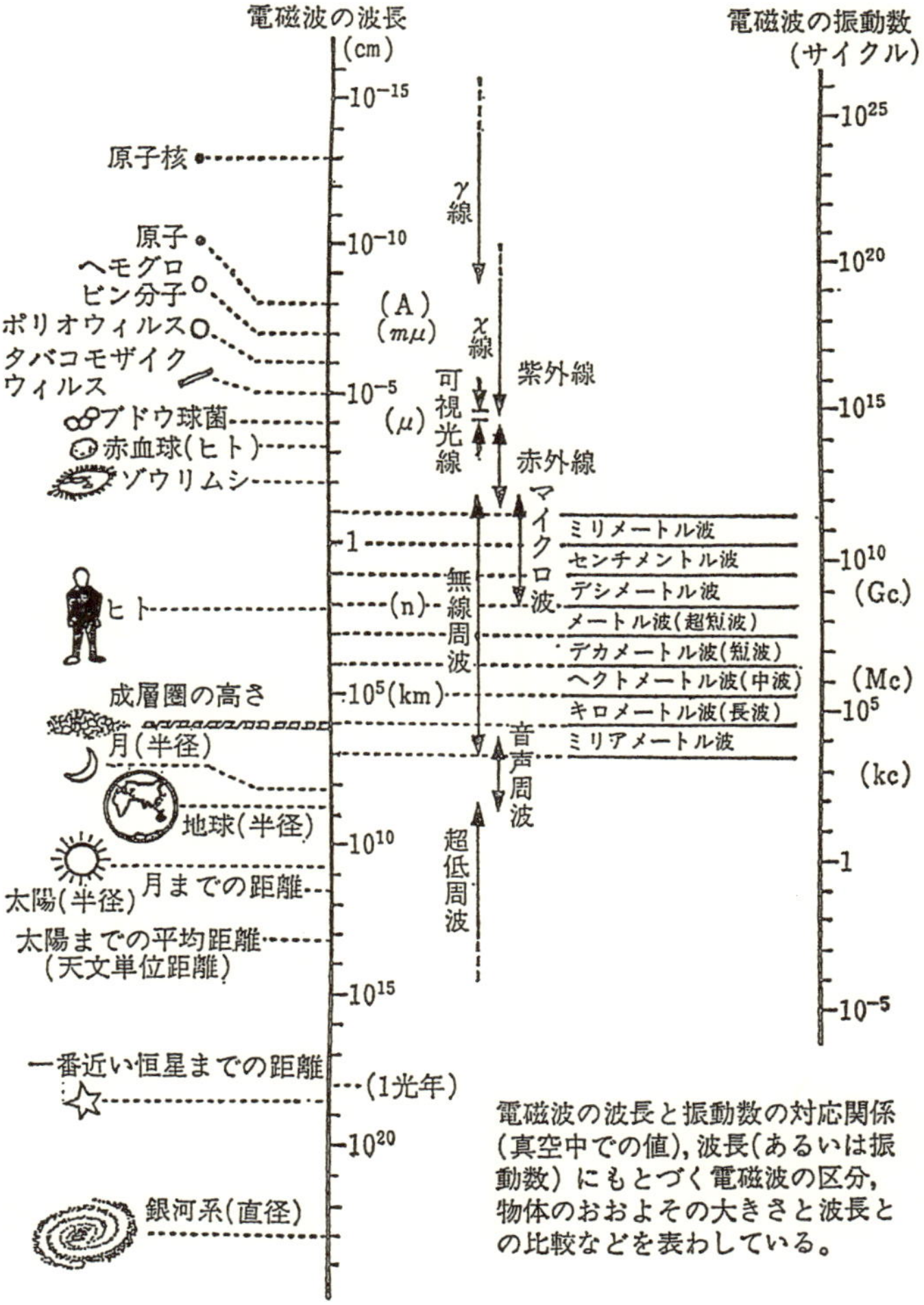

物の大きさと電磁波の波長
『科学の事典』より

れる核融合反応だという。スペクトルによって光は測れても、熱を測ることはできない。たとえば、タバコの赤色の光は三一五度で発する。ところが鋼鉄は六四八度でこれと同じ色になる。白熱電球は炭素繊維では淡黄色の色を、タングステン繊維では白色光になる。ホタルは三八度以下で白色光を放つが、これと同じ色を出すためには、九八〇〜一〇〇〇度が必要である。

太陽の温度は分光器で測る。これによって測れる光線は「光力」だけで、「熱力」は測れない。

容器に可視光を透過できるミョウバンの溶液を満たし、通過した光線をレンズによって一点に集める。光学高温計で焦点に結ばれた光点の温度を測ると「一三七〇度から一四三〇度」を示した。しかし普通の温度計を同じ焦点に置くと「二〇度」であった。

次に、光線を通さない、暗線だけを通すヨウ素を用いた。今度は焦点に光点を結ばないようにすると、大気温度程度であるのに、光を測定する温度計の目盛はたちまち頂上まで跳び上がり破裂してしまった。光力と熱力は別のものなのである。

明るい可視光線は光を運び、暗線は熱になりうる要素として磁気(ゼロ磁場の磁流として)を運ぶのである。

そして、光線自体は力ではなく、力の容器に過ぎないのである。その結果、光線の通り路に不導体を置いて遮断しても、暗線は通りぬけられる。その先にある綿火薬を爆発させることもできる。

太陽は春と秋には、夏に比べて何百万キロも地球に近づく（近日点は一月二日）。これが、「地球の温度は太陽からのものではなく、地球の力（空気）のある空間に入った太陽の熱の情報が、空気密度に応じて活性化したものである」ことの証ともいえる。だから空気の薄い高い山などでは、地上より低温になるのである。

３　太陽のフレアは熱くない

「太陽は数千キロにわたって炎を放っている」といわれる。だがそれは、熱をもたない冷たい「可視光線」である。炎の正体は酸化によるガスである。酸化は固体がガス体に気化して起こる熱分解である。また、太陽から発するプラズマも高温ばかりではなく、低温（常温三〇度程度）であると考えられる。

熱を伝えるためには、物質という媒体が必要である。ところが太陽と惑星との中間には、物質の存在しない真空（プラズマではない原子がない）が横たわっている。ここには、熱を橋渡しする物質が存在していない（０の磁気による渦とその磁流が存在する）。

太陽から発する「不可視の暗い光線」は、あらゆる熱や光になりうる「情報と位相」を、ゼロの連続した磁気の渦によって、磁流として運んでくる。つまり暗線とは五次元の存在である。

太陽を二層にして囲む不透明な雲や、その大気を透過した暗線はろ化され、太陽の大気中で人間の目に見える可視光線となっているであろう。これによって太陽は明るく輝いている。だがその光は暗線全体の一〇パーセントほどである（それ以外は暗線のまま）。

太陽は自転し、その極は振動している。磁気の関与によって自転する球体は、必ずもう一つの自転する天体（太陽の親太陽）が必要である。磁力という力が存在するためには、外部の固い地殻と内部の熔融部による摩擦面が必要なのである。磁力と力（この場合〝地球の力〟）が存在するためには、冷えた冷蔵庫が必要でもある。ゆえに、太陽の表面温度は物質を溶かし、ガス化するほどは高温でない。スペースシャトルの超高空写真には、「星が写っていない」という情報もあった。

太陽は磁石である。太陽が太陽系に還っている力は、すべて磁気を通している。

宇宙の真空の空間は、電気成分は通さない。重力的には無重力になって力を働かすことができない。今までの科学や宇宙研究は、磁気より電気の方に重点が置かれていた。

私は四〇年ほど前、日本サイ科学会会長の関英男先生に「宇宙人からの情報によれば、今まで地球人は磁気の研究をしていない。磁気をこれから大いに研究しなさい」という話をされたことがある。私は「なるほど」と思いながら、どうしたらよいのかがわからなかった。この「磁気をよく研究しなさい」という言葉の意味が、やっと最近になってわかりつつある。

左ネジ、虚質五次元は、①電気成分はすべて潜在し、五次元＝真空では力が発揮できない。②重力も無重力状態で力はゼロになってしまう。

しかし、五次元の物理的実在は「ゼロ磁場」である。ゼロ磁場の一部がゆらぎ・変化を起こすと、ただちに四・五次元の中心・で反転し、右ネジの世界、電磁気の励起の状態になって、電磁波としてプラズマ、気体、液体、固体状態という具合に相転移（姿・かたちががらりと変わる）する。すなわち物質世界が発生するのである。

だとすると、五次元はゼロ磁場の世界で、四次元が電磁波と重力の世界ということになる。これが本質＝根本原因からみた物理宇宙の真の姿なのである。

五次元(左ネジ)から四次元(右ネジ)への物質発生の順序

物質発生の大法則

中心点で反転

左ネジ（五次元・虚質)のゆらぎ→ ● →右ネジ(四次元物質)

電気成分：左ネジ空間に潜在。ポテンシャル＝位置のエネルギー
火の成分、エネルギー、膨脹、拡散

磁気成分：左ネジにおけるゼロ磁場、ホログラム
水の成分（溶かす、固める、組織をつくる、波動転写する）反転して右ネジにあらわれると、ねじれ波として現象する。
エネルギーは伝えず、情報を伝える。そのスピードは光速の10^9＝10億倍以上。ロシアでは、電気、磁気ともに左ネジの電磁波・ニュートリノの構成要素だとしている。

・左ネジから右ネジへ

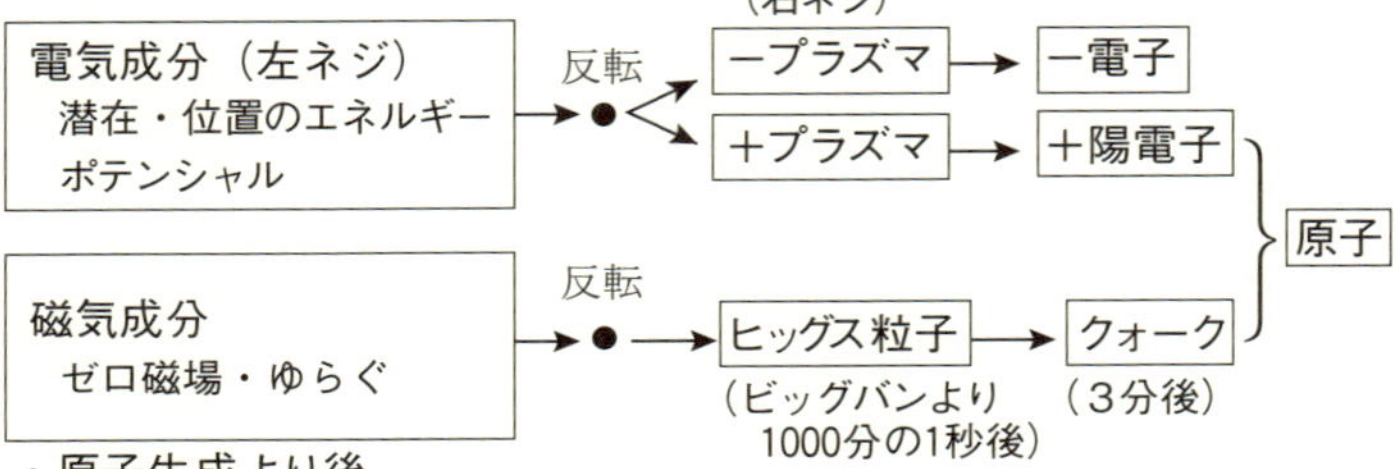

・原子生成より後

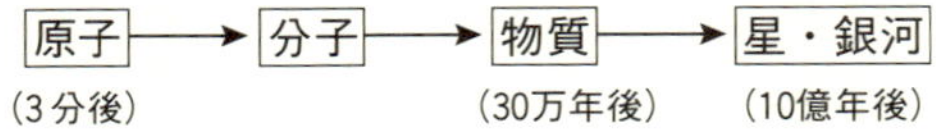

第七章　複素十字形座標に基づく宇宙の一生

1　五次元から四次元への物質発生の順序

ここで述べる「五次元から四次元への物質発生の順序」は私のオリジナルな発想（仮説）である。

「右ネジと左ネジによる時空」の中では、「火（膨張）としての電気成分」と、「水（収縮）による磁気成分」と（だけ）によって、宇宙の基本ができているとわかる。すなわち「電磁気」だけが「一次的エネルギー」なのである。

この「一次的エネルギーの電磁波は、いつ、どのようにして発生したのか」という問いの答えは次の通りである。

宇宙の根源から俯瞰しなければ、大元は何かはわからない。私はずっと、「カミ」ではなく「カム」が、すなわち「無限大と無限小」を超えた「0＝無限」だけが根源で、あとは「カミ」だろうが「無限大」だろうが相対概念であって、山登りの九合目以下のようなものにすぎないことを強調してきた。「カミ」から宇宙現象ははじまっている。

無限大や無限小には「一が必要」で、その一の無限分の一が無限小であり、その一を無限に足した有限の数が無限大なので、絶対（対を絶する。ここには基準の一は存在しない。＋－、NSのペアなど、あるわけがない）そのものである。

宇宙はまさに、この中の「無限大・無限小」の最たるもので、人間と同じように、「生まれ、そして死ぬ」のが宿命である。宇宙はすべて相似象なのだから、「宇宙は大昔に生まれ、そしてはるかなる未来のいつか死ぬ」ことは、天地自然の法則である。

この中で最も長命なもの、なにしろ宇宙が存在する限りは不滅で、これだけは宇宙存在中は「永久機関」であり、一見、永久不滅にみえるものが「電子」と「磁気」である。

虚質の低圧の解消のために発生した低圧と渦（これが＋－ペアの発生原因）がエネルギーとして消耗し、それらがなくなるまでが宇宙の一生である。元の、何も存在せず、すべてが潜在する「0＝無限」に戻り、再び時を経て宇宙は再び生まれ、また死んでいく。人間や万物との完全な「相似象」として現出する、これが宇宙である。電子は、宇宙が存在する限りは、その間は「永久機関」で「エネルギー不滅」で存在するのだ。

さて、前章の説明に加え、今までの宇宙常識にはない磁気の変化をもう少し説明しよう。

磁気成分は、①左ネジでは、「ゼロ磁場」として潜在した電気成分（ポテンシャル、位置のエネルギー、もちろん±０）に対して、支配的立場にあった（ゼロ磁場空間として）。②左ネジの一部でゆらぎが起こると、左右両ネジの中心点・で反転し、五次元から四次元に次元を落として、「右ネジの物質界」が現出する。当然「左ネジ」では潜在していた「電気成分」は「＋－のプラズマ」（そのままでは膨張拡散して消滅してしまうので、磁気成分が一〇〇万分の一秒後に発生する「ヒッグス粒子の海」）を発生させ、のりやあめのように空間をおおい、＋－プラズマを収縮させ、水のように固める作用によって素粒子化する。

その性質は、「水」と「磁気」が最もふさわしいものとなる。これで電磁波が勢揃いしたのである（はじめての「電磁気」現象の出現）。

ここで＋－（陽電子と電子の対）が確固として存在したのである。五次元にはその鋳型としての情報が存在している。

次に、磁気成分によるクォーク（陽子・中性子は三個、中間子は二個）が、宇宙創成三分後にあらわれる。クォーク（磁気成分）は＋陽電子と結合して「原子核」をつくり、そのまわりを「電子」が回ることによって「原子」が発生し（原子全体は＋－のペア）、それらの共鳴や結合によって「分子」「高分子（生命の基本分子）」「細胞」から、「星」や「星雲」へと分化・結合・共鳴して複雑に進化していく。生命物質とは、何度も原子や分子、高分子が結合して、宇宙生命が濃密に一点を共有し、六次元以上の意識レベルで働いて、生命活動をおこなっている生命体のことである。

「ニュートリノ」は、原子（元素）の核子が、電子と反ニュートリノ、あるいは陽電子とニュートリノを放出してほかの原子核（元素）に変わるという「ベータ崩壊」のときに発生する、「質量欠損を補う」ために出現する粒子である（実はその他のときは、左ネジに潜在している）。現在、ニュートリノには、電子ニュートリノ、ミューニュートリノ、タウニュートリノの三種類があるという。

定説ではいわれていないが、楢崎皐月は「ニュートリノは位置の素量（すなわち位置のエネルギーと関係あり）で、時空量である」と、今から七〇年近く前からいっていた。私も同感である。これは現代科学体系に「左ネジ五次元」がまだ定着していないため、本質的な説明は無理なのである。

運動量に関するエネルギー粒子の研究は進んでいるが、ロシアでは、五次元を埋めつくしている「ゼロ磁場」の「角運動量」、すなわち、エネルギーではなく情報を運ぶ波として「ねじれ場」および「ねじれ波」を発見し、今ではロシアの物理学体系の中に組み込まれている。やはり「ねじれ波」の導入なしには、科学は今より発展することはできないのだ。

ねじれ場がわかるようになると、この波は情報を運ぶ波で、しかも光の10^9（一〇億倍）以上、無限大の速度で、物質には遮蔽されず、すべてを透過して進んでいく。しかも情報を伝える波なので、人間の意識や、もっと広大偉大な宇宙意識も伝えているし、伝えることが可能なのである。ロシアではニュートリノがねじれ場量子だという。

私は「神智学」の知識も応用して、時空と四次元と五次元について今まで述べてきた。しかしこれは「個人およびエゴのレベル」の「表側」だけのことで、その裏側は、六次元のアストラル（感情）体、七次元のメンタル（精体）体から成る、「表裏一体」の「重合した相似象」（この表裏一体の大小二つの個人レベルと宇宙意識レベルがすべて同時に働くことによって宇宙は成り立っている）であると考えている。

四〜七次元の個人レベルは小さい表裏十字形の球である。「個人・エゴレベル」を包み込んでいる超巨大球の「大宇宙意識」すなわち八、九、一〇、一一次元としての表裏、計四次元で、すべての次元が一体化し、同時に全次元を通じて共働していることを忘れてはならない。

現在は、まだそこまで覚醒している人は少ないが、宇宙には無限ともいえる生（と死）のチャンスが各人にある。星と同じく、死は次の生の準備期にすぎない。ひとつのことがわかれば、すべては相似象である。しかも、人間一人ひとりは、ほんの少しずつではあるが覚醒・進歩している。だから、早い遅いの差はあっても、誰でも最高のゴールに着く可能性が秘められている。いつかは釈迦がいうとおり、肉体なしに生きられるようになるのだ。

宇宙の10^5ずつの大小による21階層

虚質・五次元 小さすぎて見えない世界	①$10^{-43}$cm	プランク定数ｈ大
	②$10^{-38}$cm	
	③$10^{-33}$cm	科学者のいうプランク長
	④$10^{-28}$cm	
	⑤$10^{-23}$cm	
	⑥$10^{-18}$cm	
	⑦$10^{-13}$cm	素粒子大
物質・四次元 見える世界	⑧$10^{-8}$cm	原子
	⑨$10^{-3}$cm	細胞
	⑩10^{2}cm	巨視的通常物体　１ｍ
	⑪10^{7}cm	地球レベル　100km
	⑫10^{12}cm	内惑星レベル1000万km（地球から太陽まで1500万km）
	⑬10^{17}cm	恒星レベル（１光年が９×10^{17}cm）
	⑭10^{22}cm	星雲レベル（９×10^{22}cmが10万光年、銀河系は５万光年）
虚質・五次元 大きすぎて見えない世界	⑮10^{27}cm	ビッグバン宇宙大
	⑯10^{32}cm	
	⑰10^{37}cm	
	⑱10^{42}cm	
	⑲10^{47}cm	
	⑳10^{52}cm	
	㉑10^{57}cm	大宇宙（１つとは限らない）の極限

宇宙における大きさの極限は、科学的常識では、最大はビッグバン宇宙の10^{27}（千兆×千億倍）cm、最小はプランク長の10^{-33}（千兆×千兆×千分の一）cmである。

だが、私の考えでは最大と最小にはもっと差があり、最大は10^{57}（千兆×千兆×千兆×一兆倍）cm、最小はプランク定数ｈの10^{-43}（千兆×千兆×十兆分の一）cmである。

2　10^5ずつの、大小二十一階層より成る宇宙

まだ私の理論がねじれ波まで到達せず、スカラー波（±0電磁波）止まりだったとき、意識と科学の関係に興味をもっている物理学者の方へ著書を贈呈した。そのとき先方から「壮大なドグマである」との感想をいただいた。考えてみればたしかにそうである。ドグマとは『広辞苑』によれば、①（宗教上の）教義、奥義、②独断、教条とある。私の理論は、物質世界（見える世界）だけでなく、虚質（見えない世界）を、実験、観察ではなく「思考実験」によって、ある種のドグマ（独断にもみえるが、同時に宇宙の奥義である）として提唱した考えである。

0理学は、①対象は0と無限の本質、②物質世界は10^{-8}㎝の原子から10^{22}㎝の星雲団までの範囲（すべて測定可能）であるが、③$10^{-43}$㎝の「プランク定数h大」（小さすぎ、速すぎて測定不可能）から10^{-13}㎝の素粒子までの世界と、10^{22}㎝から10^{57}㎝までの、大きすぎ、遅すぎて測定が不可能な「見えない世界」があると考える。測定不可能な世界は、科学上の現象や数値との整合性をもって検証しなければ、独断そのもののドグマと化してしまう。

宇宙の最も小さい基本である「プランク定数h」について、一部の人は通説の10^{-33}㎝（プラ

ンク長）を最小の大きさだとしているようだが、そうではない。一九九七年版より前に出された『理科年表』に記載されていた「エルグ」が「一ヘルツ」と同じ数値であることを導きの糸として、プランク定数ｈの数値が10^{-43}㎝で、１Hzと一エルグが同じ数値であるから、エレクトロン・ボルトとの換算を加えて、「一周・一回転（Hz）すると、約4×10^{-15}Ｖ（ボルト）の電圧（電気エネルギー）が発生する」という結論を得た。

つまり、星でも原子でも一回転すると、１Hzあたり、どんなに大きなものでも、小さなものでも、全宇宙例外なくｈは4×10^{-15}Ｖの電圧値を放射するのである。エネルギーは距離の二乗分の一で減衰するので、回転の軌道半径が二倍になるとエネルギーは$\frac{1}{4}$、三倍になると$\frac{1}{9}$となる。全宇宙のすべての大小の比率はこれと同じになっている（相似律、フラクタル）。

この規則性、法則性が宇宙のどこでも例外がなく一様であるからこそ、「思考実験」が可能なのである。もし少しでも例外があったなら、私の「思考実験」などは何の意味も正確さもなくなってしまう。

なお、10^{-33}㎝と唱える科学者の根拠は、宇宙の最も基本的な定数を集めて式にすると$\sqrt{Gh/c^3}$で、この10^{-33}㎝が宇宙の物質の最小のサイズだというものである。

しかし『理科年表』の換算比がある。再度数値だけを書いてみよう。

①$h=Hz=6.626075\times10^{-27}$ erg$=10^{-34}$ J　１Hzの仕事量

②$h=Hz=4.1356672\times10^{-15}$ ev（=V）　１Hzのエネルギー値

③$1.98645\times10^{-16}$ cm　波数の１つの波をcmであらわした数（波長）

④$(1.98645\times10^{-16}$ cm$)\times(6.626\times10^{-27}$ erg$)=$約10^{-43} cm

この約10^{-43} cmが、プランク定数hのサイズである。なお「プランク長」の他に「プランク時間」10^{-43}秒という、時の刻み方の最小数値があるので、hはこのプランク時間の数値と等しいことになる。hの世界は波動の世界そのもので、原子以上の物質とは異なっている。物質は粒々なので「切れ切れの粒子」をイメージできるが、量子（素粒子）よりもっと小さい世界は「切れ切れではなく、ひとつながりの波動性の世界」なので、この時の刻み（ひとつながり）の最小の進み幅で波動をみることでしか、その最小をみることはできないであろう。

したがって、粒子性からみる科学は、「従来からの物質科学」でしかない。波動性科学を使うことで、小さくは素粒子以下hまで、大きくは、いわゆるビッグバン宇宙から宇宙の最大サイズ10^{57} cmまでもみることができるのである。

3　二十一階層を物質と虚質に分類する

私は前々から、素粒子と原子の大きさの差は10^5（10^{-5}）㎝、すなわち十万倍または十万分の一の大きさの差があり、原子と細胞、細胞と人間との差も10^5、星も、地球と内惑星の差も10^5、恒星と星雲も10^5の差というように、宇宙のすべての階層では相転移して、すべての情景が質的に変わるのは、「10^5」という数値の法則に従っていると直観していた。

10^5ずつの階層はいくつあるかというと、222ページの図で示したように、明らかに二十一ある。そのうち、①〜⑦の素粒子までと、⑮〜㉑までの各七階層、すなわち虚質五次元の小さすぎる七階層と大きすぎる七階層は物質四次元ではない。

これが七ずつである理由とその実体は何であろうかと、二、三〇年間は考えあぐねていた。ところが『神智学』の次元・階層との照合をしてみると、実は「大きすぎるもの」と「小さすぎるもの」は、物質の世界ではなく、虚質・五次元から、神智学の最高次元まで、このサイズどうしが「ペア」になって存在しているようであるということに気がついた。

どうして「小さすぎるもの」と「大きすぎるもの」が「ペア」となりうるのか。それは、

①　四次元以上の五次元だけでなく、最高次元である十一次元まで、222ページの表にそのサ

イズが書いてあることに、五、六年前にやっと気がついた。

② 物質とは、高次元が次々に凝縮し固まったものである。空間自体も、次元とともに凝縮、縮小したものである。ゆえに高次元ほど空間は大となる。その証拠としては、宇宙の九十数パーセントの物質は「ダークマター（暗黒物質）」で、引力はあるがまだ発見されていない。気体、液体、固体として測定できるのは物質全体の数％にすぎないといわれている。

とにかく、四次元空間は、見えようと見えまいと、次元全体が他の高い次元から次々に凝縮してきたものであろう。すると、その次元の存在は10^5個に分裂、縮小し、空間は前より10^5（十万倍）であることになる。ゆえに次元が一つ上がると、下の次元の１は上の次元では10^5に細分化されるので、空間は下の次元の10^5の大きさになり、空間全体も10^5になるはずである。だから、四次元の一つ上、五次元は、そこに存在する物質はなく、したがって測定できない（実はゼロ磁場状態である）。空間その他すべてを含めて、10^5にふくらんだのである。五次元は四次元になると縮小して10^{-5}の大きさになる。

次元が一つ上がるということは、たとえば四次元を形成している基本は「原子10^{-8}㎝」だが、五次元になるとその単位が10^{-5}（十万分の一）の素粒子の10^{-13}に分散するので、「時空は一体、連続体なのだから」、空間は細分化に対応する（そして10^5だけ五次元は膨張する）。

要するに次元・階層の基礎の粒子（波動の塊）が、10^{-8}㎝から10^{-13}㎝に、10^{5}分分散するので、空間は10^{5}だけ大きく広くなるのである。

このようにして、見えない「世界・虚質五次元」のサイズは、四次元の10^{-8}㎝の粒子、10^{-13}㎝が10^{-5}の大きさに分散する（壊れて一つの波動のかけらが10^{5}にふえる）。この関係を「相似律」として、10^{-13}㎝以下、10^{-43}㎝までの10^{5}ずつ小さくなる粒子の単位と、10^{27}㎝ビッグバン宇宙の空間から10^{57}㎝の宇宙の空間の極大までの各七階層がペアとなるのである。

そのペアはどのような存在かということは、『神智学』によってわかる。

四次元の見える物質（右ネジ世界）から五次元の見えない物質（左ネジ世界）、これが「個人・エゴ意識の人間の世界」の表側である。その表側と表裏一体の世界が、裏の六次元のアストラル体（感情体）、七次元のメンタル体（精神体）であり、この四〜七次元の表裏で「人間存在と意識の世界」ができあがる。この場合の「右ネジの肉体」と「裏側の感情と精神すなわち意識」とをつなぐ媒介次元が、「五次元の左ネジ空間」の「ねじれ場（波）」である。これは、物質を形成するエネルギーを伝える波ではなく、情報を伝える波である。人体を形成する情報の他、六次元から十一次元までの意識を伝える波でもある。

なお「人間の意識・エゴ」から、もうひとつのより大きな「宇宙意識のレベル」が、表側の八次元のブッディ（直覚）、九次元のアートマー（またはニルヴァーナ＝仏教における涅槃の境地)、さらにその裏側の一〇次元のアヌパーダカと、一一次元のアーディ(創造の源、カミの別名ともいうことができる)が、小さな個人球を包括した、大きな、おそらく全宇宙大の宇宙球(宇宙意識)として宇宙を現出している。

ここまでが、「カタカムナ」のいう「カミ」から「人間」までの世界である。次元の最高がいわゆる「カミ」の世界である。二千数百年前まで、今のような多くの個別の宗教・宗派はなかった。宗派同士の争いもなかった。二千数百年より前は、人は天然・自然そのものを「カミ」として崇拝していたのである。

では、神智学用語も入れて、世界を「物質の七次元」から「見えない世界の小さすぎるもの七次元」と、「大きすぎて見えない七次元」、その大小のペアとからなる計十四次元を表にしてみよう。

「見える世界」（10^{-8}cm〜10^{27}cm未満10^{22}cmまで）	
⑧$10^{-8}$cm	原子
⑨$10^{-3}$cm	細胞
⑩10^{2}cm	巨視的物体
⑪10^{7}cm	地球
⑫10^{12}cm	惑星
⑬10^{17}cm	恒星（光年）
⑭10^{22}cm	星雲→星雲団

「見えない世界」大きすぎるもの・小さすぎるもの				ペア		
⑦$10^{-13}$cm	素粒子	⑮10^{27}cm	ビッグバン宇宙	⑦と⑮	5次元	ビッグバン、左ネジ
⑥$10^{-18}$cm		⑯10^{32}cm		⑥と⑯	6次元	アストラル体
⑤$10^{-23}$cm		⑰10^{37}cm		⑤と⑰	7次元	メンタル体
④$10^{-28}$cm		⑱10^{42}cm		④と⑱	8次元	ブッディ
③$10^{-33}$cm	プランク長	⑲10^{47}cm		③と⑲	9次元	アートマー
②$10^{-38}$cm		⑳10^{52}cm		②と⑳	10次元	アヌパーダカ、創造の源
①$10^{-43}$cm	プランク定数h	㉑10^{57}cm	大宇宙・極限	①と㉑	11次元	アーディ 神智学の最高の「カミ」の次元

・『カタカムナ』の「相似象」、数学のフラクタル、大橋正雄「宇宙の階層性構成図」、どれをとっても、宇宙は大小すべて相似で一定の法則が存在する。

・「見える世界」は、基本素材はすべて10^{8}cm、原子の集合の数量の多少によって10^{22}cmまでの宇宙が、規則正しい法則でできている。

・見えない世界は、小さい方は①プランク定数h 10^{-43}cmと⑦素粒子10^{-13}cmという現代科学概念と大きさ（hは私の計算）がでている。ゆえにこの結論は全くありえない話ではない。大きい方も、10^{27}cmのビッグバンの大きさでている。私は40年間考え抜いて、この仮説を得た。

この図をみると、二十一階層の中間⑧から⑭までが、⑧の原子の10^5ずつの集積度によって、七つの姿に相転移して星雲（団）となっているが、大きさの基本はすべて原子の10^{-8}㎝である。これが四次元時空の物質の世界で、光速は一秒間30万キロメートル（3×10^{10}㎝）だといわれている。

ただし、四次元でもガンマ線は「チェレンコフ効果」があり、ガンマ線を水中に通すと、音速以上になると衝撃波が起こるのと同様に、光線が曲がって青白い光が発生するという。このことは、右の「光速以上」と同様な「光速以上」の現象が四次元で起こったのかもしれない。X線以下の電磁波は光速一定でよい。

しかしロシアの「ねじれ波」の速度は、光の10^9（10億倍）以上無限大までといわれている。もちろんこれは「五次元の左ネジ」の現象である。

ゆえに「四次元までは光速一定（場合によっては、ガンマ線をのぞく他の電磁波はそうかもしれない）であるが、五次元では電気成分は潜在していて電気抵抗がないのと、エネルギーは運ばず、情報を運ぶ波なので、光速の10^9倍以上である」というのが答えになるであろう。

昔は光速以上の粒子「タキオン」等がいわれたが、今はねじれ線からの波は光の10^9以上の速さで、瞬時にして宇宙の涯まで情報が伝わることがわかったのである。

おわりに

一九世紀は蒸気機関車、二〇世紀は電気、そして二一世紀はゼロ磁場とねじれ波応用の技術の時代である。

二〇世紀の電気技術の天才はニコラ・テスラで、当時の主流とは別のもの、±0電磁波（テスラ波）の応用によって、百年以上も前にニューヨークで人工地震を起こし、世界計画によって、地球の至るところへ電気を無尽蔵に供給しようとした。

しかし±0の電気応用の技術は両刃の剣であり、よい目的に使えば人々の幸せに使えるが、二点（または三点）からの±0電磁波の交叉、干渉によって壊滅的な大破壊も可能になる。それが地震兵器や気象兵器等の噂につながっている。

二一世紀は0理学による「ゼロ磁場」応用技術の登場が待たれている。ゼロ磁場をつくるのには、左右に磁石のNとSを向かい合わせて、「NS対向」の空間のできる機器をつくりだすことが必要になる。リニア・モーターカーはそれと反対で、磁石のNとN、SとSとを反発させることによって力を得るシステムである。

NS対向技術がつくる空間は、「五次元のゼロ磁場」である。この場は「超伝導」そのものである。ゼロ磁場は電気抵抗が全くない（五次元はそもそも±0で、電気成分は潜在していて姿をあらわさないから）。機器の中にそれができあがれば、その中に発電装置を設置して、宇宙の磁流と同調し、潜在している電気成分を励起させることでエネルギー問題を解決できる可能性がある。

また、ゼロ磁場空間をUFOに設置し、動力装置によって上下左右の噴射によるコントロール機能を付ければ、ロケット推進のような化石燃料は不要になり（ロケット推進では遠い星まで行けるわけがない）、新しい宇宙航空機が活躍する日が来るだろう。遠くから来る宇宙人のことを考えれば、このような技術は、宇宙にすでに存在するのかもしれない。

ロシアの「ねじれ場理論」のところで述べたように、金属の分子整列や材質の高度化の応用によって、健康や生活に有益な新物質の新発見も考えられるし、人の体の各細胞や器官の標準的ねじれ場の測定を足がかりに、今では考えられないような医療技術が実現するかもしれない。

UFOテクノロジーでいう重力のコントロールや、超光速の推進技術（電気抵抗のない超伝導状態だから当たり前のことだが）等、玉手箱を開けるように、次から次へと新しい技術が生まれるであろう。

その糸口を与えるのが「0理学」であり、「ゼロ磁場応用技術」である。電気では±0電磁波の応用技術（ニコラ・テスラのような人はまだ少ない）の開発（ただし破壊には使わないように）、そして新しい「ゼロ磁場技術」の開発が待たれるところである。

「ねじれ波」は、五次元のゼロ磁場起源の波（電磁波は四次元の運動エネルギーによる現象）で、エネルギーを運ばずに情報を運ぶ波であるため、「光速」の10^9（10億）倍」、または無限速の速さがある。

真空の空間ではエネルギーや光や熱や色の情報の波が行き来しているのだから、今見ている星は、七分前に出た光とか何万年前に出た光だとかいうが、そのようなことはない。「現在、ただ今に出た光」をわれわれは見ているのである。そのことがそれらの搬送波としてのねじれ波の発見によって確実に証明できるようになった。

また、光の元の可視光線、熱の元の赤外線というのは、光の波長、周波数のほんの一部である。「太陽は熱くない」という主張の中で、「大部分の光線は暗線」であるといっているのは当然である。光の波長は、赤外線、可視光線はほんの一部で、そのほか、電波、マイクロ波、紫外線、X線、ガンマ線という具合に、大部分は（赤外線も含めて）暗線である。これらのことも「ねじれ場理論」で明確に証明できるようになったのである。

本書は「今の科学とは別の科学」がすでに存在しているという事実、および、それは全く新しい話ではなく、すでに超古代のアトランティス、ムー文明に、その手法や経験（なかには技術の独走による破壊の経験もあったらしい）が存在したこと、それが隠されていることを伝えるものである。これをあくまで天然自然の理に沿い、平和的で人々に役立たせることが必要である。

このような私の研究を評価して、今回出版を奨めていただいた、たま出版社長・韮沢潤一郎氏と専務取締役・中村利男氏に深く感謝する次第である。

二〇一五年十月

☆著者紹介

実藤 遠（さねとう とおし）

1929年　東京に生まれる。
1951年　早稲田大学政治経済学部卒業。
はじめは日本と中国との関係史を研究したが、1974年の超能力ブームに触発されて、現在の科学では説明のつかない生命や気等の正体の解明をはじめ、現在に至る。あわせて現代科学理論の全面的見直しをおこなっている。中国、アメリカ、イギリス、台湾、シンガポールで研究発表をおこなう。
　日本サイ科学理事長、国際新科学会会長を歴任後、現在は国際新科学研究所所長。天然自然研究会歴任、チョウ常識教室を主宰。

主な著書
『スカラー波理論こそが科学を革命する』（技術出版）
『宇宙のスカラー的構造』（技術出版）
『宗教と科学を統合する宇宙生命の書』（技術出版）
『ニコラ・テスラの地震兵器と超能力エネルギー』（たま出版）
『聖なる科学』（成星出版）
『歓喜の書』（東明社）
『新ミレニアムの科学原理』（東明社）
『久遠の死生学』（東明社）
『波動測定の科学的正体』（サンロード出版）

超古代の叡智「カタカムナ」と「0《ゼロ》理学」

2015年12月８日　初版第１刷発行
2016年３月25日　初版第２刷発行

著　者　実藤 遠
発行者　韮澤 潤一郎
発行所　株式会社 たま出版
〒160-0004 東京都新宿区四谷4-28-20
☎ 03-5369-3051（代表）
FAX 03-5369-3052
http://tamabook.com
振替　00130-5-94804

組　版　一企画
印刷所　株式会社エーヴィスシステムズ

ISBN978-4-8127-0385-4　C0011